U0111863

大展好書　好書大展
品嘗好書　冠群可期

大展好書　好書大展
品嘗好書　冠群可期

武學名家典籍校注 18

許禹生

陳式太極拳第五路 少林十二式

許禹生 著　唐才良 校注

大展出版社有限公司

出版人語

武術作為中華民族文化的重要載體，集合了傳統文化中哲學、天文、地理、兵法、中醫、經絡、心理等學科精髓，它對人與自然和諧共生關係的獨到闡釋，它的技擊方法和養生理念，在中華浩如煙海的文化典籍中獨放異彩。

隨著學術界對中華武學的日益重視，北京科學技術出版社應國內外研究者對武學典籍的迫切需求，於二〇一五年決策組建了「人文·武術圖書事業部」，而該部成立伊始的主要任務之一，就是編纂出版「武學名家典籍」系列叢書。

入選本套叢書的作者，基本界定為民國以降的武術技擊家、武術理論家及武術活動家，而之所以會有這個界定，是因為民國時期的武術，在中國武術的發展史上占據著重要的位置。在這個時期，中、西文化日漸交流與融合，傳統武術從形式到內容，從理論到實踐，都發生了巨大的變化，這種變化，深刻干預了近現代中國武術的走向。

這一時期，在各自領域「獨成一家」的許多武術人，之所以被稱為「名人」，是因為他們的武學思想及實踐，對當時及現世武術的影響深遠，甚至成為近一百年來武學研究者辨識方向的座標。這些人的「名」，名在有武術的真才實學，名在對後世武術傳承永不磨滅的貢獻。他們的各種武學著作堪稱為「名著」，是中華傳統武學文化極其珍貴的經典史料，具有很高的文物價值、史料價值和學術價值。

目前，「武學名家典籍校注」，已出版了著名楊式太極拳家楊澄甫先生的《太極拳使用法》《太極拳體用全書》；一代武學大家孫祿堂先生的《形意拳學》《八卦拳學》《太極拳學》《八卦劍學》《拳意述真》；武學教育家陳微明先生的《太極拳術》《太極劍》《太極答問》；董英傑先生的《太極拳釋義》；李劍秋先生的《形意拳術》；李存義先生的《岳氏意拳五行精義》《岳氏意拳十二形精義》《三十六劍譜》。

民國時期的太極拳著作，在整個太極拳發展史上佔有舉足輕重的地位。當時的太極拳著作，正處在從傳統的手抄本形式向現代著作出版形式完成過渡的時期；同時也是傳統太極拳向現代太極拳過渡的關鍵時期。這一歷史時期的太極拳著作，不僅忠實地記載了太極拳架的衍變和最終定型，而且還構建了較為完備的太極拳技術和理論體系，而許禹生則編寫武術教材，開整理研究武術之先河。他參與創立的北京體育研究社以「普及武術運動、研究武術理論和拳史、培養武術人材、達到強民報國」為宗旨，並出版《太極拳勢圖解》《少林十二式》《太極拳（陳式太極拳第五路）》等，在中國武術面臨向何處去的轉折關鍵，著眼於傳統武術的改革，為中國武術的振興，寫下了重重的一筆。

這些名著及其作者，在當時那個年代已具有廣泛的影響力，而時隔近百年之後，它們對於現階段的拳學研究依然具有指導作用，依然被太極拳研究者、愛好者奉為宗師，奉為經典。對其多方位、多層面地系統研究，是我們今天深入認識傳統武學價值，更好地繼承、發展、弘揚民族文化的一項重要內容。

本叢書由國內外著名專家或原書作者的後人以規範的要求對原文進行點校、注釋和導讀，梳理過程中尊重大師原作，力求經得起廣大讀者的推敲和時間的考驗，再現經典。

「武學名家典籍校注」，將是一個展現名家、研究名家的平台，我們希望，隨著本叢書的陸續出版，中國近現代武術的整體風貌，會逐漸展現在每一位讀者的面前；我們更希望，每一位讀者，把您心儀的武術家推薦給我們，把您知道的武學典籍介紹給我們，把您研讀詮釋這些武術家及其武學典籍的心得體會告訴我們。我們相信，「武學名家典籍校注」這個平台，在廣大武學愛好者、研究者和我們這些出版人的共同努力下，會越辦越好。

導讀

一、許禹生生平簡介

許禹生（一八七八—一九四五年），武術教育家，字龗厚，北京市人，原籍山東省濟南市。許禹生生於一個武術世家，從六歲起，便在父兄的督促下習練查拳、潭腿等拳術，到十三歲時，便掌握了查拳一路至十路、潭腿一路至十二路。許禹生二十歲那年，拜師河北省滄州市的劉德寬先生，學習六合門拳械與奇門兵器方天畫戟。二十四歲那年，許禹生與一位山東趙姓查拳名家交手，結果是三勝二負，自此聲名鵲起，他的家也成了武術行家相互交流的場所。

許禹生在與各派武術行家的交流中受益匪淺，廣泛瞭解了武術各門各派的優勢，也見識到太極泰斗楊健侯先生獨特的柔勁，明白了「四兩撥千斤」的哲理，並誠懇拜楊健侯先生為師。

經過長年累月的苦練與體悟，許禹生對傳統武藝中的真諦有了更深的認識，為日後創辦武術團體與從事武術教育工作奠定了基礎。

一九一二年底，許禹生與北京的多位武術名家共同創辦了北京體育研究社。根據《體育研究社略史》記載：「乃有京師志士許禹生、郭秋坪、鍾一峰、岑履信、關伯益、金湘甫、延曼生諸君謀組織體育研究社，對於體育從事研究，更得佟旭初、吳彥卿、治鶴清、于子敬、王模山、章聯甫、祝蔭亭、劉芸生、伊見思、鍾受臣、趙靜懷、陳筱莊、維效先、王鶴齡、趙紹庭、梁載之、郭志雲、郭幼宜諸君之贊助，乃於民國元年冬正式成立。嗣蒙各機關批准立案。所標宗旨係以提倡尚武精神，養成健全國民，並專事研究中國舊有武術，使成系統，不含宗教及政黨性質。」

北京體育研究社以「普及武術運動，研究武術理論和拳史，培養武術人才，達到強民報國」為宗旨，社長由當時北京市長兼任，許禹生任副社長，趙鑫州、吳鑒泉等分別任少林、太極類總教習。同時，體育研究社還廣招賢達，聘得在北京寄身的冀、魯、豫、甘、陝等省的各門派拳師二十餘人任武術教習。

體育研究社在徵得北京市政府的認可後，以「北京體育研究社」的名義印發了《告北京各高中學校校方書》的佈告，佈告的大意為「武術為吾國的特有技術，古人用於防身禦敵，如今則可強國強種。觀近年來外籍強人諸如日、俄等國之武士或大力士，欺吾國之民眾，尤辱吾之武術圈內人士，大談『東亞病夫』之言論。鑒此特告示國民並學子，報學吾國之武藝，以便日後報效國家」等。佈告公佈後，反響十分強烈，有四十多所大、中學校先後向北京體育研究社發出了申請，要求派教習前去教授武術。

京師各校漸向該社聘請教員，教授武術一時成為北京各校的一種風氣。一九一六年，又由許禹生宣導，成立了北京體育講習所，以作為北京體育研究社的附設機構。許禹生除親自任課外，還延聘吳鑒泉、楊健侯、楊少侯、楊澄甫、孫祿堂、劉恩綬、張忠元、佟連吉、姜登撰、紀子修、劉彩臣等武術名家在此任教。北京體育講習所始終遵循「以培養大、中、小學校學生之武術師資力量為準繩」，訓練科目分為拳法（徒手與器械）、武術理論兩大類，講述的內容有楊式太極拳、吳式太極拳、北派少林拳、八卦掌、形意拳、六合八法拳、岳氏連拳，也包括擒拿格鬥諸術。一時間，北京城武風驟起，清早、傍晚甚至課間都可以見到學子們舞刀弄棒的身影。

講習所受到了當局的重視，由教育部解決了該機構的辦所地址、經費。後來教育部發專文給全國各省市教育管理部門，要求其所屬大、中、小學選派專職人員前來學習（培訓），並准允學員結業後分配到學校擔任專職武術教師。

一九二八年，許禹生趕赴南京專程拜訪了中央國術館董事會張之江、李景林等，並申請設立北平國術館（一九二八年，北京稱「北平」）。在徵得同意後，許禹生用了不到三個月的時間，便在體育研究社的基礎上，成立了北平特別市國術館，仍邀請北平市長為館長，自己擔任副館長。

從一九二年十二月至一九三六年十二月，北平特別市國術館共開設民眾國術訓練班、國術教員講習班七四六期之多，編輯印製教材一百五十餘種，組織培訓的人員約三萬八千人。「九一八」事變後，該館特意開設了數期速成「砍刀術培訓班」，重點傳授簡單實用的臨陣劈砍刀法，旨在為抗擊日寇輸送殺敵勇士。

許禹生以北京體育研究社的名義創辦了一本研究體育與武術的刊物《體育季刊》；成立北平特別市國術館後，又開辦專門宣傳推廣傳統武術的雜誌《體育月刊》。許禹生都親自擔任主編，確立辦刊宗旨和依託雜誌推動相關工作。兩種雜誌內容豐富，文字簡明扼要，適合各界各層次人士閱讀，對武術的推廣發揮了很大的作用。

雜誌每期的封二上，分別設有「投稿簡章」「徵集（收購）國術秘本」「介紹國術教員」「新書預告」等欄目。「徵集（收購）國術秘本」的啟事曾經寫道：「本刊徵求家藏或坊間舊有國術書籍或秘本，本刊認為有價值書籍得出資收買，凡欲出售者必先送本刊編輯處審核，不合者得發還之。」這對挖掘和保存中國武術文化起了很大的示範作用。

許禹生著有《太極拳勢圖解》《少林十二式》《羅漢行功法》《神禹劍》《中國武術史略》《太極拳》（即《陳氏太極拳第五路》）等。

一九四五年，許禹生逝於北平，享年六十七歲。楊敞曾用詩來評價許禹生：「許九哥兒幼習拳，紆尊降貴友群賢。清除階級談平等，培植師資結眾緣。往昔拳家各逞雄，觝排異己翊宗風，破除門戶消成見，第一公推許禹生。」

二、中華武術在競爭中浴火重生

熱兵器考驗了中華武術的生存能力，自義和團運動後，中華武術一度失去了存在的話語權。物競天擇，適者生存，新的時代需要新的武術，傳統武術能否適應時代的發展而變化，是當時武術家們面臨的課題。

體操是二十世紀人類文明進步的產物，是時代潮流。中國武術要復興、要適應新時代的需要，首先要對武術進行改造。武術體操化是適應時代文明的發展，也是許禹生等民國人士的必然選項。

體操肇始於德國。十九世紀，德國在一次重要會戰中戰敗，國民的士氣受到了嚴重的打擊，舉國不振。這時候有位體育學家想出了一個點子，他把軍事動作和列隊練習融合在一起，發明了一套體操。做操的人不僅要穿上統一的制服，還要高唱愛國歌曲，這種發揚愛國精神的團體操迅速地重整了德國國民的鬥志和雄心。自此，體操風潮迅速在歐洲流行開來，在丹麥，又發展出了各種體操組織，短短幾年，體操組織竟達一百三十多個。

雖然體操運動誕生於歐洲，但最會搞行銷的還是美國大都會人壽公司，該公司在電臺廣播節目中專門設立了廣播體操欄目，還配套推出了廣播體操圖解，提出口號「為了促進大家的身體健康」。雖然該公司的目的是降低保險的賠付率，但由於體操確實有利於民眾身體健康、減少疾病的發生，所以很快在美國流行推廣。

一年後，體操之風吹到了亞洲，日本從美國這種又蹦又跳的運動中發現了強國強民的秘笈，於是也把廣播體操引進國內，並把這種運動的全民性發揮到了極致，使廣播體操很快風靡了整個日本，全國上下，老老少少紛紛加入到「操練起來」的大軍中。

我國在鴉片戰爭與中日甲午戰爭之後，認識到國民體質羸弱，不如西方人強健，認為這也是我國輸掉戰爭的原因之一。清末，清政府廢除科舉、興辦學堂，從日本引進了全套教育模式，其中體操也被列為學校正式的課程。

面對東西方文化的碰撞，積極的態度不是排斥和對抗，而是競爭。民國時期的一些革命者和知識精英清醒地認識到，西方體育對提高國民身體健康確實有著明顯的優勢，是有利於「強國強種」，但西方體育在輸入過程中水土不服，比如師資、場地、器具，以及資金的投入等方面我國有著明顯的弱勢。

因此，蔡元培、許禹生等教育界人士，順勢提出也讓中國武術進入學校，用武術來與體育競爭。這樣中華武術在競爭中鳳凰涅槃，也催生了許禹生的武學思想。

三、許禹生的武學思想

如何使中華民族最基本的文化基因與當時的文化相適應，與現代社會相協調，是民國人士面臨的緊迫的課題。中華武術承載著數千年文化積累，武術是透過肢體動作來表現文化的，因而從武術中選擇一些有代表性的、簡便易學的動作，配以口令，是很容易將武術改造成體操的。

當然，這樣體操化的武術，或多或少保留著本民族的文化符號，很能適應時代的需要，為中國民眾所接受。

毋庸諱言，中華武術也有著自身的短處，正如民國人士黃壽宸①指出的：「中國古來的各種武當、少林拳法，神秘性非常濃厚，好像不是平常運動的一種。前者（洋體育）的目的是在準備開運動會時表演，而後者（武術）的目的是在準備做『風塵俠客』或『英雄好漢』。中國古來的各種拳法，今日好像嫡傳者漸少，而普通人為著生活的重擔，已無心要學一套武藝在身，何況『拜師傳』也不容易。」

所以，中國武術必須改革更新，尤其是武術教育更應適應新時代的需要，於是出現了許禹生等人對武術教育改革的探索。

1. 許禹生初期編寫武術教材的特點是體操化

民國初期的武術教材，大都是從武術中抽出若干動作，配以口令，模仿體操進行教學。一方面，當時體操已得到社會的認可，具有優勢，因而武術反而要借助於體操的形式去取得認同；另一方面，體操體現了工業文明的特點，具有標準劃一、便於大批量「生產」的優點，教者容易教授，學者易學、易記、易會，這是中國傳統武術所不及的。

中國武術是農耕文化的產物，教學模式是小作坊式的，因此無法大批量

「生產」，且「產品」呈多樣性，很難複製推廣，難以滿足社會緊迫的需要。許禹生在《拳術教練法》中感歎：「夫拳術一學為我國四千餘年之國粹，而學者每感困難，望而生畏、畏而卻步，致不敢問津。教者椎魯無文，每守秘密，不肯以進功程式示人。究之自亦不知由何種方法、何種順序，逐漸習成，一傳再傳，每況愈下，較之東西各種科學體操柔術遞嬗日進者，不可同日語。豈拳術真不易學，蓋於教授之法，未經研究也。僕學拳術有年，艱辛備嘗，而所獲有限，及以轉授於人時，覺己之十年所學者，使生徒一年可以竟業。」當下，吸收西方體育的長處，補中國武術之短板，是民國人士面對的問題，所以民國初期，武術走體操化的道路，是有其客觀原因的，也是一種無奈。

最先將武術搞成體操的是馬良②。民國五年（一九一六年）九月，許禹生受教育部委派同孔廉白一起赴濟南參觀考察馬良的「中華新武術」。許禹生認可這種新式體操，此種「新武術」很快被列為軍警與學校的正式體操，風靡一時。雖然這種新式體操保有武術名稱，但由於這種兵式體操缺乏傳統文化的支撐，最終亦被歷史淘汰。

武術體操對中國武術的影響是極其深遠的，二十世紀五〇年代出現的簡化太極拳、競賽套路等，其實都是武術體操化的產物，其濫觴於此。從此，武術體操化左右著中國武術的發展方向。

2. 運用時代語言編寫武術教材

許禹生用近代文明的語言來講深奧的道理，而不以神秘莫測的語言來解釋中國武術。他用通俗的語言宣傳推廣中國武術，很受民眾歡迎，積極推動了武術的普及。他在《拳術教練法》中言：

「昔之言教育者，曰德、智、體三者已。今之新教育家，更推衍為美群諸育，故體育在教育上所占之地位，除強健身體、增人幸福之本能外，更當與德、智、美群諸育發生關係，始可謂有教育性之體育。其取用教材，初非就中外地域之區分、技能新舊之派別上加以限制也。今試就各種方面推衍拳術與諸育之必要。分論如下：第一，人生幸福上習拳術之必要；第二，國民經濟上習拳術之必要；第三，學校教育上習拳術之必要；第四，審美上習拳術之必要；第五，合群競爭上習拳術之必要。」

這些話語對當時國民有很大的鼓動作用。

許禹生還在《少林十二式》等教材中，特別解釋了每一動作的治療作用，如「此式可以矯正脊柱不正及上氣（呼吸粗迫）、精神不振等症，並可擴張胸部，堅凝意志」「調理脾胃及腰腎諸疾」「調理三焦及消化系諸疾，如吞酸、吐酸、胃脘停滯、中氣不舒、腸胃不化等疾」這樣的解釋宣傳，是洋體育以及中國拳術都未曾有過的新鮮事。

許禹生能以文明啟蒙的語言來宣傳中國武術的好處，講得實在，與民眾實際生活貼近，比用附會神仙、長生不老等抽象玄虛之語更直截了當，也不以抽象的修身養性作道德說教，更能為民眾所接受。尤其是當時引用中西醫學的基本知識，將武術與治療疾病的功能結合起來，既時髦，又能將「強國強種」的大目標與個人自身需要結合起來，激發了國人學習武術的動機和動力。

這種宣傳的方法，很快被武術界廣為效仿。民國時期及以後的武術書籍都會或多或少地談及武術的治療作用。報刊的廣告中也經常可見，如「致柔拳社」「武當拳社」等招生廣告中，都特別強調武術的治療作用。

3. 吸取西方近代科學知識以指導武術的研究和教學

黃壽宸批評中國武術教育：「中國人歡喜神秘，不愧是世界上的古國，將最最平常的運動方法，玄之又玄，『參合陰陽，神而明之』的，弄得『怪誕不經』。教授法又神秘，『只可以意會而不可以言傳』『知其然，不知其所以然』，所以古來的各種『硬』『軟』拳法，大家無不另眼看待，對於『耍拳術』者也莫測高深的另眼相看。說穿了，都是只是運動的一種。」

「二者拳術所著重的是本身的理論與實踐，並且向來武人輕視書本，何況中國拳法不輕易教人，只限於師徒之間，一旦中斷，便無法流傳下去。三者古來一道及拳法，便牽連到許多誇大無稽之畫蛇添足的話，弄得神秘非常，否則好像將不成其為中國的拳法了。」

黃壽宸的批評雖然有些偏頗，但不無道理。

許禹生說：「向之數十語不能明者，今則一語卒可破的。余豈善於教哉。殆因曾習各種科學，講授拳術時，昔之不易說明者，不期然而然，即假他種科學的理解說明之也。加以從學者多為知識界人士，於他種科學均有素養，自能以此例彼，根尋意味，舉一反三，故能事半功倍耳。」

比方說「力學，拳術不恃多力，而以善用己力為要。力學以時間與距離、速度互為消長，拳術則似經濟學理論，消費少（用力少）而求效力大為條件，其運力時與力學之六種助力器，槓桿、斜面、尖劈、滑車、輪軸、螺旋均一一符合」。又如「生理解剖學，教授運動不明生理及人體構造，必致如孟子所云，戕賊杞柳，或揠苗助長，則非徒無益，而又害之。兒童何辜，受此虐刑。故教授拳術者，必明生理解剖學也」；「心理學，拳術以心意作用，運動肢體非如體操之僅事機械的運動已也……故教授斯術者，不可不知心理學也」。因此，「教授者有通曉之必要」。

如《少林十二式》的編寫，每一動作都有「運動部分」「注意及矯正」的提示，如「此式為全身運動，其注意之點，為肩腕及足脛，兩臂上托時，運動肩胛帶，主動筋肉，為大鋸筋、僧帽筋、三角筋、棘上筋、十圓筋、大胸筋等」；「行之日久，則身體自強也」。

許禹生以科學文明的思想來教授拳術，這是中國武術史上從未有過的事，開創了以現代科學來研究中國古老武術的先河。後來者如徐致一《太極拳淺說》、吳志青《太極正宗》、宋史元《太極蘊真》、黃壽宸《太極拳術的理論與實際》等，也都自覺效仿運用現代科學知識來重新研究和認識太極拳。

4. 在武術教學中關懷人的精神衛生

人類文明的發展總是以關注人文精神與珍重生命為宗旨的。許禹生在「第三章教授拳術應以訓育為目的」中強調：

「普通教科教授之目的，不外授與知識及傳與技能而已。然教授之精神，則有訓育之不同，就體育教授而論，其直接目的雖在授與運動技能，然其教與之精神，則在訓育兒童也。換言之，即其教育目的，非僅使被教育者明瞭運動方法，精於技術已也。更於被教育者之身體精神皆受良好的影響，使得自抒心裁，妙於應用。若只以習熟技術為達到目的，是拳術一科，不啻為養成藝人而設，全戾教育之本旨矣。學校體育之主旨，原在訓練學生心身，養其健全精神體魄，使成完全人格者也。」比如要培養學生的「智之修養——注意、觀察、記憶、思考、判斷、想像；德之修養——快活、服從、果斷、沉著、勇敢、忍耐、規律、協同」等，這都是過去武術不太注重的。

許禹生強調：「體育目的大別之不外身體修煉（衛生的）與精神修煉（訓練的）二種。然學校體育之目的，則應以次者為主。故運動之影響於精神方面（即心理方面）雖係間接（拳術以心意運動肢體直接修煉精神，此處蓋指一般運動而言也），但就學校體育上立論，則殊不可不重視之。蓋具人格者，雖為生徒有形之身體，然所以完成此人格者，實存乎無形之精神，故以人格修養為目的之普通教育，必先注重於此。誠不易論之也。彼司運動教授者，當教授時於生徒之精神界必與以所期之影響。而學校體育，始能得良好之結果焉。」

這明確提出武術教育是為了培育學生的思想品質「完成此人格者」。體育本來是指以訓練為基本手段，以增強人的體質，促進人的全面發展，豐富社會文化生活和促進精神文明為目的的一種有意識、有組織的社會活動。

武術也確實具有不少類似西方體育的功能，但許禹生把武術教學從一般的學藝，提高到社會教育的高度，進而注意對人的思想品質的培育，是文明的進步，比起把體育作為獲取個人名利的工具的人要高尚得多。

5. 消除門派成見，宣導師德

許禹生在著作中比較注意融合各家武術之長，消除門派偏見，如在《少林十二式》中強調武術文化的共同性：「拳術由來已久，至少林始集其成，融修心性、壯身、技擊、舞蹈於一爐，故有虎、豹、蛇、鶴、龍五拳之創造。凡中國形而上學術中所具之剛柔捭闔、虛實動靜無不包羅此五拳中。蓋人與人相接之學均不能超過此理也。」「內中均本科學精神，呼以口令，由淺入深，適合各門國術初步之用，少林可用，武當拳亦可用，洵為初入國術門者，不可越級之練習書也。」

他在解釋某一動作時，也比較注意各派武術的融合，如「雙推手式」下面注解「原名出爪亮翅式……，形意中之虎形、八卦之雙撞掌、太極拳之如封似閉、岳氏連拳之掌舵式，蓋均取法於此……，五禽經之虎、鳥二形，亦與此相近」。從中看出他在努力樹立中華大武術的概念。

中國武術的傳承，歷來強調「一日為師，終身為父」的人身依附關係，只強調學生的責任與義務，要求弟子孝親尊師、安詳恭敬、百依百順等，卻很少對老師提出具體要求。

許禹生指出：「欲施訓育教授法於運動教科，於方法設備之先，不可不以教育者精神之感化為重。故教者之教授態度，不可不講求焉。從來東洋習俗卑視勞動，學校生徒於體育教科一項，鮮有得此科目的而加之意者。此雖社會趨勢使然，亦由體育教師之不得其人，常以兵士武弁擔任體操教席，以粗野拳師，或江湖賣技者流擔授國技。而新式之體育教員，又習尚外表，重遊戲、事競賽、喜博虛名，於體育之真正目的毫不瞭解，自欺欺人，互相標榜，招學生之輕視非盡無因。求能知識體育，誠懇指導，從事於訓育的教授者，殆真鳳毛麟角也。體育之信仰，雖基於教師之精神的感化，然教師之技術亦不可輕。蓋技術者，即精神之客觀的發現，深足以動生徒也。教師心情溫和，態度優美，技術精良，每蒞操場以身作則，模範以示學者。曰盍為吾所為乎，則學者未有不受其感化力者。蓋運動教科之教授，貴知行合一，言行一致，空言訓育，不如實際表示，得達教授之目的也。運動教科關於此點，與倫理修身等教科最為接近，體操遊戲式武術之諸教科，關係德育豈偶然哉。教師除當教授之際，於自己之舉動態度常注意外，日常行事之間，務貴處處實際尚活潑，戒粗野，貴敏捷，戒輕躁，恭禮儀，而戒因循。」「學校體育之主旨，原在訓練學生心身，養其健全精神體魄，使成完全人格者也。」「彼司運動教授者，當教授時於生徒之精神界必與以所期之影響。」

此要求是為人師表的條件的具體化。當年，對武術教師能提出如此要求，有如此卓識者，僅許禹生一人也。

6. 在武術改革同時注重對傳統文化的傳承與保護

誠然，事物總是一分為二，有利必有弊。西方體育如此，中國武術亦如此；西方文化如此，傳統文化亦是如此。武術教育不改革不行，不捨去傳統文化中的糟粕、盲目自負不行，不吸收西方文化中優秀的東西不行，但一味崇洋媚外而迷失自己也不行。許禹生面對這些問題，做出了智慧的選擇。

在北京體育研究社初創、也是體育強勢進駐學校，急需拿出新的武術教材來之際，許禹生贊同武術體操化，那時似乎也沒有別的路可走。但是，體操與體操化的武術畢竟不具有深厚的文化，誠如張士一③在一九三一年七月所寫：「余行早操二十餘年，所取盡係西法，近三四年間，始以太極拳代之非偶然也。余初習斯術於程君志道，即覺其別有奇趣，非西式體操所能望其項背。」

武術對外來文化的吸收，必須是以保持自己文化為前提的，不能把在悠久歷史中積澱形成的文化個性和價值系統消融到西方體育中去，從而喪失自己內在精神與文化記憶，交出自覺的價值標準，去模仿別人的文化樣式。

許禹生編排了《羅漢行功法》《少林十二式》《太極拳單式練習法》等體操式的教材。像羅漢拳、少林拳這類剛性的拳術，配上口令是很容易與體操相融的，「編成《少林十二式》一書，用作習國術者之基本功夫」。然而像太極拳這類的拳術，配上口令則與武術的傳統文化、與太極拳的理念不相吻合，似乎是非驢非馬。所以許禹生特在其所編《太極拳單式練習法》中加入「注意」「應用」或「功用」等文化因素，避免使拳術變成單純體操。

許禹生多次明白說明，這種仿照體操的編排，只是「適合高級小學、初級中學之教材」「各門國術初步之用」。他能坦白地讓學者明白，這種體操式的拳術只是初級入門，並不是拳術的全部。許禹生這種實事求是的態度，防止了過度拔高這類初級拳操而迷失武術本真的現象的出現，這對保護傳統文化是有其積極意義的。

如果許禹生只是編寫《少林十二式》《太極拳單式練習法》《羅漢行功法》等體操式的教材，那麼他在武術史上的地位，不值得多加關注。但許禹生能在武術體操化的同時，意識到保護傳統武術文化的重要，讓習武者在洋體育前面不至於丟失自我，這是非常難得的。

許禹生緊接著整理編寫《太極拳勢圖解》，把太極拳的完整套路、推手，把釋名、動作、要點、注意、應用等一一標明，並對太極拳的理論做了通俗的注解，「惟旨在闡發拳理，豎立行功入手之階梯」。

《太極拳勢圖解》是一本較為完整的太極拳教材，也是中國歷史上第一本正式的太極拳教材。許禹生編寫的《太極拳勢圖解》，出版後受到社會的熱捧，十多年中不斷再版，以致洛陽紙貴，正如王新午所說「三十年來，流傳遍海內，非當時初料所及也」。在編寫《太極拳勢圖解》之後，一九三九年，他又整理了《太極拳》（即《陳氏太極拳第五路》）一書。

許禹生開整理出版中國武術書籍之先河，對後世中國武術書籍的出版做了良好的示範。民國時期大批武術書籍相繼出版，是中國武術史上前所未有之盛況。這也反映了民國人士在面對西方文化、西方體育時，既敞開胸懷，又保持自己的文化自信，竭力保護中華傳統武術。許禹生的種種努力令人尊敬，也奠定了他武術教育家的地位！

當然許禹生也有不足的地方，對傳統文化堅守的同時，又受時代的局限而流於迷信，如關於太極拳創始人等問題，以及對宋書銘的傳說不加考證就廣為傳播，雖然他在二十世紀三〇年代對此已有所覺悟（可參見唐豪與許禹生的通信④），但這一謬語流傳已成為民國武術書的時髦標配，以訛傳訛，至今影響著武術史的研究。

民國人士除了唐豪、徐震等人外，黃壽宸也在《太極拳術的理論與實際》中批評：「此類關於中國拳法之道聽塗說的故事。太極拳也據說在唐代已有，那麼張三豐只是一個能手而已。元時（也有說清初）有王宗岳，著有『太極拳論、太極拳解、行功心解、總勢歌、推手歌』等，據說能得張氏的直傳，很有些功夫。流傳到今日的，除許多『怪誕不經』的傳說之外，學太極拳的人常取王氏的論著來『意會』，希望有所心得。在歷史上是否真有張氏、王氏其人，是否生在宋末元初，是否本領超越，是否有論著流傳，一者中國歷史所著重的是正統，這些『左道邪術』只是小說家之言，說者說之，是否可靠便很難考證。」

從農耕社會發展而來的傳統武術本身是一個瑜瑕互見的複雜文化體。其中既蘊藏著前人的智慧精華，也裹挾著歷史積塵，這就必須在對它進行深刻理性把握基礎上進行揚棄和創造性轉換，如不善於批判否定，傳統武術就無法實現其時代轉型。當然，許禹生這一缺陷是他所處的時代所致，這些與他對中國武術所做的貢獻相比，白玉微瑕。

四、《陳式太極拳第五路》的歷史價值

《陳式太極拳第五路》的價值，簡言之，它是中國武術的一塊「活化

石」，是研究陳式太極拳的一份珍貴的歷史文獻。

「陳氏太極拳第五路」據說已失傳百餘年，一九三九年，經著名武術教育家許禹生與陳發科一起「挖掘」整理成《太極拳》一書。但由於歷史的原因，這套「化石標本」又被塵封起來。

一個偶然的機會筆者發現了這套「標本」。二〇一四年四月，筆者在整理《顧留馨日記》時，看到顧老一九五七年十一月二十日的日記中記有「唐豪寄贈許禹生《陳氏太極拳第五路》《中國體育史參考資料第一輯》」數語，便對「陳氏太極拳第五路」發生了興趣。因為幾十年來從未聽到有「陳氏太極拳第五路」的存在。

筆者就此詢問顧元莊先生，家中是否藏有《陳氏太極拳第五路》，顧元莊回答是沒有。筆者又向朋友圈內求助，但他們的回答也都是沒有，疑為絕版云云。正在筆者感到尋找此書無望時，顧先生戲劇性來電：「書已找到，書名是『許禹生先生編《太極拳》』。」此書封面至封底一共只有十多頁紙，夾在書堆之中很不顯眼，這也是上次沒有找到的原因。

許禹生編的這本《太極拳》，不僅稀少珍貴，而且內有唐豪、顧留馨的手跡，他倆在書上做有若干標注，也使此書更有文史價值。

筆者在翻閱這本《太極拳》（即《陳氏太極拳第五路》）時突發奇想：這麼一本珍貴的資料，如果只是擺放在書櫃中當作一般的藏書，是十分可惜的，應該讓更多的人知道，讓更多的愛好者去研究。能否讓這「陳氏太極拳第五路」從平面的文字，復活成圖文並茂又能習練的套路？正如習近平主席所說：「讓收藏在博物館裏的文物、陳列在廣闊大地上的遺產，書寫在古籍裏的文字都活起來。」筆者在與朋友的聊天中表達了這種想法，立即得到了胡開宸先生的贊同。胡先生提出由他來嘗試陳式第五路的「譯製」演示。

二〇一四年五月，筆者將此書交給胡開宸。起初胡先生以為有了許先生書中的動作說明，依樣畫葫蘆是不難將「第五路」演示出來的，而事實上復原「陳氏第五路」是非常困難的一件事。唐豪也曾經說過：「第五路太極拳共與五十六個勢名，動作說明極簡單，僅十五頁，很難摹練，故至今未聞有傳習者。」此話不假，至今即使是在陳家溝，也未能見到有「陳氏第五路」的傳習者。胡開宸先生在研究的過程中碰到許多困難，屢屢卡殼難以繼續，但他鍥而不捨，歷時一年，初步將這第五路演示了出來，又經一年的琢磨修改，終於能將套路完整演示出來。然而筆者對這樣的「圖解」仍未滿意，離心目中的陳式拳尚有一定距離。

事有湊巧，筆者曾拜訪李福妹、陳俊彥等多位上海武術家，瞭解了陳照奎來上海傳授陳式太極拳的經過始末。一九五九年，顧留馨受國家體育運動委員會委託編寫五式太極拳，為了方便《陳式太極拳》的編寫，顧留馨將陳照奎借調到上海來，以便在《陳式太極拳》的寫作中對比動作。

一九六〇年二月二日，陳照奎來到上海體育宮。當年顧留馨忙於編寫太極拳教材，又常去北京中南海教拳，分身乏術，故委託丁金友⑤向陳照奎學習拳藝，其中包括顧留馨和唐豪都曾關注的陳氏太極拳第五路。

顧留馨為了將陳式太極拳留在上海，讓陳照奎先在上海武術隊開班傳授陳式太極拳，培養上海教練員。顧留馨還安排陳照奎與丁金友同住一室，一方面，讓丁金友在生活上多照料陳照奎；另一方面，丁金友很聰明有過目不忘的特長（當年的他已經學會各門武術套路近百種，有「武術活字典」之美譽），他與陳照奎相處三年多，幾乎學會了陳照奎的所有套路。據蔡龍雲、王培琨、邱丕相、虞定海等武術家評價說：「丁金友已學到陳照奎百分之九十五的功夫。」

於是在二〇一五年七月十三日，筆者與顧元莊陪同胡開宸一同拜訪老武術家李福妹女士，並向她展示了這套「陳式太極拳第五路」。李老師對我們的嘗試和研究給予了鼓勵，也提出了一些改進意見。李福妹老師談及這「陳式第五路」時回憶說：「顧留馨安排丁金友跟陳照奎學拳，叮囑丁金友務必將陳照奎的拳藝全都學到手，要為陳式太極拳在上海的推廣培養出自己的教練。」丁金友不負顧留馨的期望，他繼承了陳照奎的大部分武藝，這一套第五路拳也有幸得以傳承。

當年陳照奎將這套「陳式太極拳第五路」傳授於丁金友、李福妹，但因受多次政治運動影響，這套「陳式太極拳第五路」再次束之高閣，後來當丁文軍、王偉星將去日本教拳，丁金友就將這套「陳式太極拳第五路」作為備用套路傳授給他們。這次我們的「考古挖掘」歪打正著，喚起了李福妹、丁文軍和王偉星的記憶，他們照著拳譜回憶當年陳照奎及丁金友的教授與演示，也將第五路重新完整地復原了出來。

我們復原了「陳氏太極拳第五路」，由衷地向中國武術教育家許禹生、陳發科、唐豪、顧留馨，以及陳照奎、丁金友表示敬意。一九三八年，許禹生為挖掘中華武術遺產，保護中華傳統文化，努力與陳發科一起做了文化搶救工作。一九三九年，許禹生在《太極拳》緒言中說：「先將十三式第五路架子編成付印，俾世之研究太極拳術者，得有所本，是余之志願也。」顧留馨在獲得唐豪贈書後，曾與李劍華、沈家楨、陳照奎討論過《陳式太極拳第五路》，並在書上五處做了六個標注。顧老曾有將這「陳式太極拳第五路」做進一步整理的打算，但因各種因素所限，顧老這一武術夢未能如願。

今天，幸虧有顧元莊先生無私的奉獻，才使「陳氏太極拳第五路」拳譜重見天日；也幸虧有胡開宸的嘗試，才引出李福妹、丁文軍、王偉星的回憶，重新將「陳氏第五路」按陳照奎的演示復原出來。大家的努力使中華文化中的一個寶貴的「化石」得以保存和復活，也實現了許禹生和顧留馨的心願。

「陳式太極拳第五路」與現在流行的太極拳有很多不同，它確實比較剛烈威猛。第五路共有五十六式，其中提到「拳」字的有二十九個式子，占全套一半以上，這在太極拳的套路中是很少見的，如「十字拳」「護心拳」「披身錘」「指襠錘」「七星錘」「彎弓射虎（拳）」「抽身四平拳」「回身探馬拳」「轉身腰攔錘」「左右大肱拳」「顛步連珠炮」等，還有蹬腳、分腳、十字腿、擺連腿，以及「小擒打」「臥虎肘」「拗步左右搧打」等招式。兇猛的招式如「金剛獻杵式」須將地板震得轟轟作響；「轉身腰攔錘：屈左肘，伸掌橫攔置左膝上，正拍右肘，肘尖作響」，也非常威風；「掩肘洪拳：洪者大也，此拳在拳路中最大努力，故曰洪」，是須拼命用力的。這對太極拳「用意不用力」的理念，簡直是顛覆。

因此，「陳氏太極拳第五路」的價值，在於它是中國武術的一塊「活化石」，它是太極拳原始的套路之一，這對研究「陳氏太極拳」演變很有幫助。隨著人們對中華傳統文化的重視，這套拳譜必將會引起武術研究者的興趣，這也是許禹生努力保存中華傳統文化的意義所在。

五、《少林十二式》的歷史價值

許禹生在「北京體育研究社呈教育部請規定武術教材文」中歸納了「少林十二式」的特點：「①動作簡單。十二式動作與體操無異，甚為簡單，合於運動生理，初習拳術者最為適宜。②姿勢正確。依圖作解最為明顯，學者細加玩索，姿勢上易於正確。③便於教授。教授者每以拳術種類繁多，不易取擇，十二式意簡而賅，於拳術之普通動作略備，於教授上最為適宜其運動作勢，純以心意為主，倘工夫純熟，再得善拳術者為之講解，則發著應用，處處勝人，為習拳之成始成終者也。」

「少林十二式」的定位是：「適合高級小學、初級中學之教材。教授體操或國術者均可採用。」「方今中央提倡體育，教育部特設體育補習班於首都，召集全國專家研習其中，以事宣傳，而廣國術之推行，余不揣鄙陋，將所編之《少林十二式》列為國術初級課程，並貢獻拙著以為講義，尚望海內賢豪進而教之，則幸甚矣。」

如果單從拳術的角度來看「少林十二式」，則過於簡單，難以引起武術愛好者的興趣，因為現在的武術套路不勝枚數，有所謂傳統的套路、新編競賽套路，真真假假讓人眼花繚亂，與之相比，許禹生編寫的《少林十二式》就顯得有些單薄，也只是將體操與導引術簡單混合而已。

但是，將這幾套拳操，包括「羅漢行功法」「太極拳單式練習法」等，放在清末民初的大背景下去研究，這幾套拳承載的是歷史，反映了民國初期的武術文化，是中國武術體操化的初始，因此有其歷史價值，有研究的必要。

回顧歷史，「少林十二式」的出現是時代的需要。當時的中國社會，對西方體育的進入是抱歡迎而不是對抗的態度。而中國武術由於義和團運動，以及軍事上的兩次戰敗，在西方體育面前連陪襯的資格都已沒有。西方體育進入中國後十多年，由於中西文化的不同，在推行過程中暴露出種種問題，使中國武術有了重生的轉機。由於有識之士對中國傳統文化的執著堅持，使武術成了中西體育競爭的一種選擇。

民國時期，革命志士與教育界知識精英，如蔡元培、許禹生等人呼籲：中國武術同樣也是最好的體育，更適合中國國情，也應該進入學堂。經國民政府批准，武術在中國歷史上第一次正式進入社會教育體系，終於為武術贏得一席之地，同時也催生了許禹生的《太極拳單式練習法》《羅漢行功法》《少林十二式》《拳術教練法》等一批武術教材的出現。

許禹生是開啟中國武術體操化的鼻祖，又是努力保護中國傳統武術文化的教育家。許禹生編著的《太極拳單式練習法》《少林十二式》《羅漢行功法》，使體操化的武術推廣到中小學校。

許禹生將武術體操化，影響著中國武術的發展方向，特別是二十世紀五六十年代，簡化太極拳的廣泛推廣以及各種競賽套路的湧現，使武術體操化達到登峰造極的地步，以致一度體操化的武術壟斷了中國武壇，形成「一家獨放，一枝獨秀」的局面，而傳統武術少有問津。

黃壽宸曾指出：「前曾有人根據太極拳的原理，而創設所謂『太極操』的運動。以為太極拳的拳式太複雜了，理論太深奧了，非普通人使能在短時間內學得會、學得成，於是將太極拳簡易化了而成『太極操』，並且又有所謂『太極棒』『太極球』的發明。若將『太極操』作為太極拳的入門，也未始不是一種通俗化的辦法，若將『太極操』來代替普通學校中的四肢體操，也未始不是一種進步及表示對『太極拳』的提倡，不過這種種是不能算對太極拳的本身有任何貢獻。」

武術體操化雖然有利於武術的推廣普及，有利於人民的身體體質的提高，但此過程忽略了對傳統文化的保護，使真正的傳統武術失去了本來的面貌，也對傳統文化的傳承帶來不小的負面影響。因此，在今天重新研究許禹生的武學思想仍有一定現實意義，這也是「少林十二式」的歷史價值。

六、中國武術既要順應時代潮流，又不能丟失自我

一百多年來，中西文化的碰撞與交融從來沒有停止過，全球化使世界文化越來越聯為一體，但全球一體化不是文化同質化的過程，也不是為「走向世界」而去趨附強勢文化的單一模式，而是在保持民族文化個性基礎上的「兼蓄並收」。民族文化遺產的特質就在於其獨特性而不是普泛性，如果一定要削足適履地用所謂的「國際慣例」去裁判自己的文化，那也就只能是取消自身存在的理由。而近幾十年來，我們面對中西文化的碰撞，面對土洋體育的交融，採

取的是消極應對的態度。

武術所謂的與「國際接軌」，也只是走洋體育的路子。在這過程中，我們已經迷失了自我，丟失了自己民族的傳統文化，嚴重缺乏文化自信力。

二十世紀五〇年代，我們一切向蘇聯「看齊」，體育以蘇聯勞動衛國體育制度（勞衛制）馬首是瞻。中國武術也立刻被清理整頓，在批判武術「唯技擊論」的風潮下，國家對武術進行了徹底的體育化改造。國家體育運動委員會推出「二十四式簡化太極拳」，為武術樹立了體操化樣板，並作為中國武術向體育化發展的樣板。國家體育運動委員會部分官員說「武術就是體操」「太極拳就是長拳慢打」，如此之類的話語不勝枚舉，影響了中國武術的發展方向。

中國武術就在這種認知的引領下，丟棄了中國傳統文化，向體操化、雜技化、舞蹈化的方向奔跑，武術健身、強身的概念被娛樂、養生所取代，可惜的是我們國人的體質並沒有因此而變得強壯。我們雖然摘掉了「東亞病夫」的帽子，但健康素質指標遠遠落後於發達國家，有數億人處於亞健康狀態，「強種」的夢遠沒有達到。

當今的武術並不是「繼承不足，發展有餘」，而是根本沒有得到好好繼承。武術立足點為「術」，是一種用以應對肢體衝突的特定實用技術體系，不是用單純的體操可取代。這些年來在商品經濟的裹挾下，武術又崇尚西方商業化體育的暴力格鬥，再一次迷失自我。

傳統文化是中華民族的精神濕地，也是中華民族凝聚力的重要源泉，也是中華武術的「靈魂」，丟掉了「靈魂」的中華武術，已無「強國強種」的價值可言。

我們有著將武術打入奧運會、將武術推向世界的夢想，這夢是美好的。但中國武術始終沒有取得話語權，我們體操式的武術被譏諷為「穿著唐裝的體育，拿著刀槍劍棍的體操」，並不被奧會接受，因為體操化了的武術已不能代表中國特有的文化，丟掉了中華武術之根，也就失去進入奧運會的理由。

傳統文化是一個民族的固有標誌，中國武術一旦丟了自己的傳統文化，那麼它也失去了存在的理由。

借鑒歷史，借鑒前人，是推動文明進步的不絕動力，所以，重新研究民國初期的武術史，研究許禹生等前賢在面對中國武術與西方體育碰撞的時候，他們所做的探索與研究，仍然有著現實的意義。

【注釋】

①黃壽宸：生於一九一七年，卒於一九九一年，浙江溫州人，我國著名會計學家、教育家。一九四一年，黃壽宸畢業於上海滬江大學會計系，畢業後留校任教，後又在杭州之江大學任講師，曾在上海掛牌擔任註冊會計師職務。一九四九年後在中國人民大學財政信貸系從事會計學教學和科研工作，並擔任教研室主任。一九六一年，調東北林業大學歷任林業經濟系教研室主任、副教授、教授。生前還擔任中國會計學會理事、中國審計學會理事、黑龍江省會計學會副會長、黑龍江省審計學會副會長、《林業財務與會計》總編等職務。

②馬良：一九一一年，馬良在山東發起編輯武術教材活動。一九一四年，

他在濟南編寫了《中華新武術》。一九一六年九月，教育部派北京體育研究社總幹事許禹生同孔廉白赴濟南參觀考察馬良鎮守使武技隊。一九一七年，陸軍部定中華新武術為軍警必學之術，同年全國中學校長會議決定「以中華新武術列為全國各中學的正式體操」。在第四次全國教育聯合會上，通過「以中華新武術列為全國高等以上各學校並各門學校之正式體操的建議」。一九一八年秋，經國會反覆辯論表決，通過以「中華新武術」定為全國正式體操的建議。以拳腳科為例，全套動作共二十四式。中華新武術雖然便於武術的普及，但兵操色彩過重，只偏重於肢體運動，缺少中華傳統文化的支撐，難免顯得內容單調，曾經熱鬧一時的中華新武術，逐漸被新舊體育之爭的浪潮淹沒，終於夭折了。

③張士一：生於一八八六年，卒於一九六九年，江蘇吳江人。一九〇一年入上海南洋公學，後入美國哥倫比亞大學師範學院深造，獲碩士學位。回國後，在南京高等師範學校（現南京大學）等單位歷任副教授、教授等職。他從事教育工作六十三年，培養了大批優秀人才，桃李遍及海內外。他又是我國新體育的奠

基人之一，提出德、智、體三育並重，並發表《職務上多坐者之體育》一文，首創十分鐘體育操（即今課間操）等。

④唐豪與許禹生的通信：可見於唐豪《行健齋隨筆》第二十頁。「一九三〇年我（唐豪）曾和許禹生通信討論過辛亥革命以後出現的宋書銘太極功及張三豐道家與太極拳的來歷問題。許禹生在覆信中承認：『假託以自神其說，而不知其弊，足以混淆聽聞，令人莫知究竟。』當時往來的信件，曾經公開刊出，這就是過去我和張三豐『發展成為太極功』的爭論。」

⑤丁金友：武林名宿，歷任上海市武術隊總教練、國家武術隊高級教練、上海中華武術會會長、上海市武術隊顧問和專家組成員等職。一九五八年入選上海市武術隊，並於一九五九年代表上海隊參加第一屆全國運動會，獲團體冠軍；一九六三年任上海市青少年體校武術總教練；一九六九年擔任上海市武術隊主教練，培養的多名優秀運動員都獲得了全國冠軍和世界冠軍；一九八五年被國家體委授予「新中國體育開拓者」稱號；一九八九年被評為上海市武術優秀教練員；

一九九二年、一九九六年兩次獲得國家體委頒發的「全國體育訓練先進工作者」和「中華人民共和國體育運動榮譽獎」獎章和獎狀；一九九八年，出任中國武術隊高級教練，並帶團出征第四屆世界武術錦標賽，榮獲六塊金牌，獲得國家體委頒發榮譽獎。他曾先後七次出訪日本和西歐五國講學傳拳，桃李滿天下。

李福妹是丁金友的妻子，上海中華武術會榮譽總教練。一九五八年榮獲全國武術運動會拳術、器械二項目一等獎；一九五九年獲全國青少年武術運動會青年組全能冠軍；第一屆全運會上海武術隊團體冠軍和短器械劍第五名；一九六〇年在全國武術運動會上獲女子全能冠軍、長拳和器械第一名。在以後各類武術比賽中，收穫的獎狀、獎章不勝枚舉。一九九四年，李福妹被評為首居「中國武林百傑」人物。李福妹曾參加中國武術代表團，跟隨周總理出訪捷克、緬甸等國。

丁文軍是丁金友長子，著名武術家，曾受聘於全日本太極拳聯盟擔任中國武術教練。現任上海閔行區武協常務副會長、上海金友武悅堂傳統武術俱樂部董事長。

許禹生先生編

太極拳

伊時閻題

太極拳第五路

許禹生編

顧留馨藏

唐豪自北京寄於
一九五七年十月吉
顧留馨

按：以上文字均由顧留馨親筆題寫。

太極拳緒言

年來研究陳氏太極拳術，自覺頗有心得。陳氏拳，家傳原有三種：太極長拳，太極砲拳，太極十三式架子是也。十三式共有五路，多失傳，現能演之拳，僅為十三式中之頭路；與楊氏所傳大致相同，而稍有出入，暨砲拳一路，（陳氏現名之為第二路）統計所存不過兩路，餘僅存拳譜而已。至陳長興先生之長拳一路，有山西洪洞縣樊君為之繪圖立說，改名通臂拳，數典忘祖，頗可惋惜。茲僅與陳氏後人研究，將所失傳之五路，一一照譜為之推演，并參以戚南塘三十二長拳姿勢，重譜拳路，加以說明，先將十三式第五路架子編成付印，俾世之研究太極拳術者，得有所本，是余之志願也。

練習架子，當先事開展，以靈活關節，順遂筋肉，（如習書法之先寫大字，以明其橫下，竪直，點，撇，鉤，捺，並得練腕力、臂力，轉折肩架，是也。練筆需放大，於字之轉折處，起筆落筆處，均易看清，均易摹倣，均易用筆，是也。如力達中央，旋轉如意）繼乃力求收縮緊湊，俾勁能蓄而後發，由中達外，庶收放在我，發必中的，所謂放之則彌六合，卷之則退藏於密也，至勢高則骨節靈活，利於運轉，勢矮則肌肉收縮，常致拘攣，非功深者不能自如，故勢應先高後低，俾下肢所負之力，處之裕如，則運用不致遲滯，

庶能節節貫串。

太極拳運勁，先柔後剛，先慢後快，質量調均，虛實分清，行動陡重陡輕，輕似鴻毛，重若太山，樁步穩固，動靜咸宜，靜時如處女，動時如脫兔。氣之洩發，如水上行舟，精神照澈，如貓之捕鼠。老子曰：「其猶龍乎」，斯可以語太極拳也夫。

太極拳於應用上，可分四點：1.走化，2.擒拿，（指拿人的勁，非專拿人骨節）3.發擊，4.擲發，四者是也。至於練法，於姿勢之展舒捲縮，則有大架小架之別，於身段高低，則有上中下三盤之分，於運勁，則有抽絲、纏絲、綿冷、剛柔之不同，於轉變，則有折疊、進退、快慢、續斷之岐異，於步法，則有原地行步跳躍之區分，於造詣淺深，則有用力、用着、用勁、用氣、用神五者之程序。必於行動坐臥時刻存心，須臾莫離，運有工夫，始可稱之為練。必心到神隨，乃能每一動作，悉中肯綮，始可謂之成功，必得心應手，純任自然，不假顧盼擬合，始可謂之懂勁。非如他拳可一蹴而就也。學者，或淺嘗輒止，或僅得一偏，便自滿足，其不貽笑於人者幾希。時為己卯夏編於體育研究社中。

許禹生謹識

太極拳

許禹生編

預備式　(1)直立開左足與肩齊，兩臂下垂，雙手貼二側，作掌下按。(2)雙臂向前平抬，高與肩齊，兩腿下蹲。(3)虛左足雙臂橫直（左小臂竪起手心向內橫屈，右肱反腕手心向外）後擺。(4)左膝前弓，橫屈左肱前捋。(5)進右步右手撩陰掌。

金剛獻杵式　左臂橫屈胸前，掌心上仰，提回右足，屈右臂手作拳，隨右腿收回，橫肘下擊，拳背落左手心上。

懶扎衣式　(1)兩掌上下分開，名指天劃地。(2)虛右足向後，足尖點地，成丁虛步樁，右臂右外下纏，左臂內上纏，手腕相搭作十字手。(3)出右腿作弓箭步樁，左手掐腰，右手伸臂坐腕前切。

六封四閉式　(1)左手前伸，引右手。(2)屈雙臂，掌心向上，坐身左後坐。(3)翻雙掌向右前方下按。(4)左腿跟上半步，作丁虛樁步。

單鞭式　(1)右臂伸直，手作勾形，左回身，左手心向內，循右臂經雙肩，屈肱出肘，時為丁虛樁步。(2)左臂立掌伸開，左膝前屈，右腿伸直，作左弓箭步樁。

護心拳　(1)右手作掌，掌心向上，隨身左傾，運臂左削至心窩為度，成右丁八步樁，即作摟右膝式下降。(2)左手握掌，隨身右傾，上抬經頭右側方下降，置右膝內下按，成右丁八步樁。(3)還右臂上抬，屈肱，作拳，置右額前，作騎乘式樁步。

分水式　(1)自前式，右手下落變掌，搭左腕上，當心作平十字手式，手心向下，騎乘步樁。(2)雙臂外展，手左右分，雙腿隨之下蹲，至兩臂成一直線形為度。

前蹚拗步　(1)左手摟膝。(2)右腿直前上步，右臂隨步前伸，與肩平，作欲下摟勢，腿作丁八步樁。(3)右撑身，右手下摟，同時左手前撑，作拗步掌，成弓箭步樁。

9 十字拳 （1）左回身，握拳，帶左臂屈胸前。（2）右手握拳，上搭，與左腕斜線形交叉，成十字拳式，作騎乘式樁步。

10 下 勢 式 （1）自上式雙臂下垂，提肘手心向外，張兩臂若鳥翼形，兩臂外展上抬至肩與手平，成一直線爲度。

11 臥 虎 肘 （1）自上式左臂翻轉內斬，至胸前中線，身右傾，成右丁八步樁。（2）屈左肱挿腰，右手仰拳，身左傾，運臂左斬，成左丁八步樁。（3）屈右肱，提肘反手作拳，拳心向外食指根節貼右眼角，身復右傾，成右丁八步樁。（4）全身向左屈側，目視左足踵，時兩肘尖與左脚後跟成一直線，名臥虎肘。

12 披 身 錘 （1）全身復正，拳變掌，舒右臂，由頭右方向右直伸，以與肩平爲度。（2）右手復作拳下降，至左膝蓋裏方時，身又隨拳左傾，成右丁八步樁。（3）右拳翻轉上抬，自左上方隨向右下方猛擊，至拳與肩水平爲度。（時拳心向上）

13 顛步連珠砲 （1）收右臂如前（2）勁，提右腿右轉身，右拳外撥下擊，收至拳位。（2）顛右脚落地，同時提起左腿，作獨立式，左臂從身後隨身向上高舉，拳鋒向前，作欲擊之勢。

14 指 膽 錘 （1）落步向前，成斜騎乘式樁，右拳左掌相搭胸前，成十字手形，（2）下分手如前下勢式。（3）左手摟膝，右拳自腰際向前下斜方立拳下指點，左手挿腰肘尖與右臂成一直線，作大弓箭步樁。

15 轉身七星拳 （1）扣左足，右後轉身，左手作拳，屈抱胸前。（2）後撤右步，右拳隨身收回，肘貼右肋。（3）點左脚成鈎馬步，左拳仰拳，自右肱內穿出，伸至與鼻端齊，大指轉至向上爲度，右拳置左肘下，雙臂均微屈。（4）此式以兩臂各三節，連同脖項爲七，左臂如斗柄，右臂屈圈胸前，喻之斗杓故名七星也。

16 彎弓射虎式 一名當頭砲。（1）雙臂（仍作拳），右後運平伸，拳眼向上，左脚踵着地。（2）左腿後退一步，雙拳自後右方，經頭右側，向前伸展，

左拳前伸，屈右肱，右拳背食指根節，貫右眼角，雙目前平視，作右弓箭樁步。

17 抽身四平拳 （1）左回身，雙臂後擺，左臂後伸上起，經頭左側向前下撇，陶回，經過胸前，右臂自左臂內屈肱仰拳轉腕作螺旋形打出，左臂後撤，收回拳位，拳肩膝步，四者相平，故曰四平。

18 回拳雁翅式 （1）右前回身上步，作弓箭步樁。（2）左掌自右腕下穿出，左臂循左胯上平抬前伸，掌心外向，右臂提肘反掌置於頭右上方。左勢同前。

19 回身探馬拳 （1）由前式左回身，左手外捋，握拳歸左肋下拳位，仰手心作拳。（2）右手外纏回撤，由右肋下經左肩前循左臂出拳，垂肩墜肘，屈肱橫小臂，斜攔向前，腕部較肘高起，肘彎成鈍角，陰（少陰）拳，拳心斜向外下方，拳正當鼻部，若牽馬繮繩然，斂前左足點地，跨後右腿作丁虛步樁。

20 躍步抹眉肱 （1）由前式出左步踏地，舒右肱右拳變掌。（2）躍右步同時右掌前穿，成右弓箭步樁。

21 轉身腰攔肘 （1）左腿後撤半步，左轉身成右丁八步樁，右後坐身，屈右肱平張，左肱對左膝上。（2）以右腰眼之力，弓左膝蓋，送右肘橫擊左肱內方，屈左肱伸掌橫攔置左膝上，正拍右肘，肘尖作聲。

22 左右大肱拳 （1）兩手作拳，運臂斜上下分，左拳向左下方，右拳向右上方一開。（2）左臂轉昇向左上方頭側高舉，翻拳上架，右臂屈肱握拳，順纏下降，至與雙乳齊平時，向左肋左肘下方向橫擊，（合勁，右足同時提起，目左上視，是爲左大肱拳。又（1）右足落地，右臂右上舉，護頭部。（2）左肱下降，屈肘橫擊右肋肘下，提左腿隨之，以助其力，是爲右大肱拳。

23 拗步左扇式 應作攔，（1）由上式左腿隨左臂向後撤，足心落地。（2）作右弓箭步樁，右臂提肘握拳，向膝前自裏外拂，小臂肱宜略起，提肘與地

平，作垂直。(3)左臂伸直，以掌向右橫擊敵面部，右拳歸位，撐腰以助其力。

24 拗步右扇式 (摟)(1)自前式上左步，作左弓箭步椿，左臂提肘，小臂垂直，摟右膝。(2)右臂伸直，以掌橫擊敵面部，同時左手歸拳位，撐胺以助其力。

25 右埋伏式 (1)自右扇式兩手作拳，兩臂左右分展，右臂向右前上方伸開，左臂同時向左後下方伸展。(2)雙臂復各內運下垂，至腹前交叉相搭，左臂在上。(3)左腿向右方橫邁一步，成左弓箭椿步，同時兩臂分開，左臂向左後方伸直，拳與肩平，右臂自左肱內掏出，作曲尺形，拳心向內，對右耳上方，小臂膀垂直高舉，大臂膀自肘尖處與左臂水平成一直線，右肘彎處爲直角。(4)左腿下蹲，屈右膝蹺地，迴首目視左拳。

26 左蹬脚 (1)右脚向左後方微挪移，雙臂內抱，兩腕相搭成十字手形。(2)

右脚心着地，同時分張兩臂，起身提左足前蹬。

27 左埋伏式 (1)左轉身，左足向左後方落步，左臂隨之下垂，右臂搭於左臂上。(2)右腿橫邁一步，至左腿前，左臂沿胸前臂出上舉，右臂由下方向右平伸，如左式。(3)右腿蹬屈，左腿跪地迴首目視右拳。

28 右蹬脚 (1)左脚挪移，提右脚起身前蹬，均如前之左式，惟左右相異耳。

29 跟步連珠砲 (1)身體半面轉右，右腿收回頓脚着地，收右臂屈肱作拳，立肘外撥，同時收右腿，右足頓地。(2)左腿隨右腿着地時，提膝躍起，高舉左臂，如第一關連珠砲式。

30 掩肘洪拳 (1)左足前落，成，斜向騎乘式，兩手右拳左掌，相搭胸前。(2)蹲身下坐，同時兩手向下左右分展，抬至與肩水平，手心轉上。(3)左手作拳，漸漸收回拳位，右臂屈肱作拳，拳心向下，拼耳作欲擊勢。(4)右拳釋左掌心，覆拳伸臂，直前擊打，左肘尖滑肋後掣，并弓左膝以助右拳前擊之力，成左弓箭步椿。(5)洪者大也，

此拳在拳路中爲最大努力，故曰洪，又左肘尖掩肋掣回，故曰掩肘。

31 收步右分脚 (1)自洪拳式，右足前跟半步，抵左足後，雙腿下蹲，兩臂相抱於胸前，成十字手。(2)起身提右足向右分踢，兩臂同時向左右分展。

32 左轉擺連腿 (1)左後轉身，收右足下落置左足前，雙腿下蹲，兩臂收回，成十字手。(2)起身提左腿，外擺，向前落地，同時收回雙臂，內抱搭成十字手，(左上右下)。

33 雀地龍式 一名切地龍，又名一堂蛇。(1)右蹲身，左腿伸直，成半仆叉椿步，仰右手作拳，向頭後右側方伸穿，同時左臂循左腿內側下伸，左掌掌鋒向下經左足腕前穿。(2)弓左膝，身隨之起，或作護肩掌亦可。(3)再蹲身換做如前。

34 金鷄獨立式 (1)由前雀地龍式，弓左膝起立，仍作半蹲式，右足尖點左踵內側，兩臂胸前相搭，左橫右豎，作欲上穿之勢。(2)左腿直立，右手由左肱內向上穿提，小臂膀上翻轉上托，左臂垂伸，橫拳貼左胯下

按。

35 丹鷄揬地式 (1)自前式右臂下垂。(2)蹲身雙手拍地。

36 朝天燈式 亦作蹬。(1)雙手向左平運，若揉球然。(2)左手順纏，翻手自右肱內穿出，隨提左膝，反左拳覆頭上左側方曲肱上托。

37 倒捻肱 倒者退步後行，捻者轉肘骨也。(1)左臂下落，屈肘貼左肋下腰際，手心向上，右臂自頭後上舉，纏轉屈肱下降，手貼右耳側，作前推下合勢。(2)左腿隨左臂後運時，同時後退，成右弓箭步椿，同時右掌經過左手心，右臂向前伸直，左臂隨亦向後伸直。

38 白鶴展翅式 (1)自上式倒捻肱式，退至左腿在前時坐身，左臂內收外轉，右手從頭後向前一合。(2)右臂協同左臂，左後擺，左腿隨向左後方撤一步。(3)隨即左臂翻掌上揚，向左斂右足，右手上搭左臂。(4)右足略一點地，復向右前方開半步，右臂自左臂內方抽出，右上揚至頭右上方，屈肱斜展，同時左臂向左下方分展，至離左胯傍約尺

於[illegible]向後斜下摟，左足向內，收，並離右足半尺，足尖點地，(3)兩臂，上揚，下展，勢若仙鶴之舒展其翼，故名白鶴展翅云。

39 摟步斜行式 (1)左足踵落實，右臂左運，經頭左側方下垂，手至左膝蓋外，向裏勾摟，收回右胯傍。(2)左足前進半步，左臂上舉，經過頭右側方下降，至左膝內方向外摟左膝蓋，圈轉左臂復經過左胯側方，左足前出半步，手作勾形，上抬至腕與肩水平時，腕向左後方停住。(3)右臂內翻掌護左肩，復向右前方伸展，坐腕揚指，以掌鋒前推，臂微屈肘節與左臂成一直線，坐腕掌前伸掌鋒向前，食指對鼻，腿成左弓箭步樁。

40 琵琶式 (1)兩臂收回，左手在前，右手在後，參差相抱，若持琵琶，故名。(2)左脚收回，足踵略提，雙腿蹲屈，成長三樁步。

41 獅通臂 (1)由上式左足踵落實，足尖裏扣，坐身雙手向右下方後攜至右腕

近右腿根小腹側。(2)繼上動，雙手運轉上舉，經頭左側上方過頭頂下降，向左後方下攜，身隨步轉，左足後撤一步。

42 側騎龍式 (1)左手攜至左胯尖時，即伸臂後展，再彎轉上升，經頭頂向前橫臂下撤，同時右手自左肱內仰掌前穿。(2)繼上動左手向左胯傍橫攄下按，距離左胯尺餘停住，同時左足前進一步成丁虛步樁，頭左後顧視。

43 運 手 一名雲手。(1)左臂自內下方用順纏勁揮肱向外上方運展，至頭上左側方，右腿隨之提起，右臂隨左臂由上而下，而內，停至左胯前扣拳下按，是爲左式運手。(2)右足隨左臂擠步下落，同時提左腿，右臂順纏，高舉如左式，左右運行，其次數多寡，視場地大小爲準，總以單數爲度。

44 前 分 手 (1)由上式行至左式運手時，并右步，右腕上搭左腕，成十字手式，作騎乘式樁步，掌心內向。(2)雙臂由前方左右分掙掌心向外

以展至兩臂成一直線爲度。

45 高探馬式 (1)自上式雙臂將展至一直線時，同時左臂屈肱後撤至拳位，掌心向上，右小臂屈肱上抬轉腕，掌心向前指尖擦右耳斜掌前推。(2)左腿後退一步，左足足尖點於右腿之後，約離六寸許，同時右臂下展，由頭後方上升，轉至頭右上側方，前伸經左掌心一合，仍前舒展，若在馬上持韁繩狀，是謂高探馬式。

46 小 擒 打 (1)左手自右肋下插出，左腿前進半步，轉身半面向右，右臂上展，手掌貼右額角上。(2)右臂後下運展，復向左臂肘下前按，同時左足再進半步，左臂上架，至左額角上，手心向外，右足亦隨右掌前進半步，以助按捺之力。

47 回身十字腿 (1)右回身向後雙臂相搭爲十字手，左手在上。(2)提右腿向外擺踢，以左掌拍擊右足外側方。

48 摟膝指膛錘 一名指點錘。(1)落右步身右後轉，右手摟膝。(2)上左步，左手

向外摟膝，左手掙腰。(3)右手作拳，置右腰際拳位，仰拳拳心向上，藉腰左轉，并左膝前弓之力，右臂伸拳拳心漸轉向內(左)向斜下方點擊，臂與地約成四十五度角度，腿作左弓箭步樁。

49 靈猴獻果式 (1)自前式探身，兩臂各由外方作拳，向內上抄抱，兩拳距離約與肩齊，雙肱迴屈向內，兩拳上舉，拳與頭頂相齊，臂彎處約成直角，作右弓箭步樁。

50 六封四閉式 (1)自上式左迴身下蹲，屈雙臂，左後下攜。(2)復右迴身雙臂自後上昇，蹲身雙手下按，左腿收回半步，足尖點地，距右足踵後約六寸。

51 單 鞭 式 見前

52 上步七星式 (1)左臂內撤迴屈胸前。(2)上右步向前，右拳自右[illegible]循右肋經左臂彎內，向前衝打，拳心斜上仰，食指二節，正對鼻端，左拳屈肱置右肘下，右足尖點地，成釣馬步樁。

53 退步跨虎式　(1)左臂腕上搭右腕，翻轉前推，(即左腕轉至右腕下，伸掌前推也)。(2)雙腕反轉收回，仍相搭胸前，雙掌心貼胸上捧。(3)退右步，回身面後，雙臂分開左上右下，若展翅跨虎式。(1)右回身，左腿向左前方上跨一大步，左掌下按，左膝上。(2)右臂高舉，反掌覆頭右側上方，作寬大的左弓箭步樁。

54 雙擺連腿　(1)提右腿，由左方向右擺踢。(2)兩臂高舉，由頭左側方經過頭頂，至頭右側方，雙手前伸，自右向左拍右足背。(3)右腿下降，落於右後方。

55 彎弓射虎式　見前

56 金剛獻杵式　見前

陳兩儀堂本「陳氏拳械譜」[illegible]拳歌[illegible]

中華民國二十八年五月初版
一九三九年己卯年

☆每冊定價叁角☆

版權所有
不許翻印

編纂者　許禹生
校訂者　白竹波
發行者　體育研究社　西單西斜街五號
印刷者　京城印書局　和平門內北新華街

《太極拳》目次

《太極拳》緒言

年來研究陳氏太極拳術，自覺頗有心得。陳氏拳，家傳原有三種：太極長拳，太極炮拳，太極十三式架子是也。十三式共有五路，多失傳，現能演之拳，僅為十三式中之頭路；與楊氏所傳大致相同，而稍有出入，暨炮拳一路（陳氏現名之為第二路），統計所存不過兩路，餘僅存拳譜而已。

至陳長興先生之長拳一路（注一），有山西洪洞縣樊君為之繪圖立說，改名通臂拳，數典忘祖，頗可惋惜（注二）。去秋曾與陳氏後人研究（注三），將所失傳之五路，一一照譜為之推演，並參以戚南塘三十二長拳姿勢（注四），重譜拳路，加以說明，先將十三式第五路架子編成付印，俾世之研究太極拳術者，得有所本，是余之志願也。

練習架子，當先事開展，以靈活關節、順遂筋肉（如習書者之先寫大字，以明其橫平、豎直、點、撇、鈎、捺，並得練腕力、筆力，轉折肩架，是也。緣筆畫放大，於字之轉折處，起筆落筆處，均易看清，均易摹仿，均易用筆，是也。如力透中央，旋轉如意），繼乃力求收縮緊湊，俾勁能蓄而後發，由中達外，庶收放在我，發必中的，所謂放之則彌六合，卷之則退藏於密也。至勢高則骨節靈活，利於運轉，勢矮則肌肉收縮常致拘攣，非功深者不能自如。故勢應先高後低，俾下肢所負之力，處之裕如，則運用不致遲滯，庶能節節貫串。

太極拳運勁，先柔後剛，先慢後快，質量調均，虛實分清，行動陡重陡輕，輕似鵝毛，重若太山，樁步隱①固，動靜咸宜，靜時如處女，動時如脫兔。氣之鼓盪，如水上行舟；精神照澈，如貓之捕鼠。老子曰：「其猶龍乎②」。斯可以語太極拳也夫。

太極拳於應用上，可分四點：①走化；②擒拿（指拿人的勁，非專拿人骨節）；③驚擊；④擲發（亦曰跌），四者是也。

至於練法，於姿勢之展舒捲縮，則有大架、小架之別；於身段高低，則有上、中、下三盤之分；於運勁，則有抽絲、纏絲、綿冷、剛柔之不同；於轉變，則有折疊、進退、快慢、續斷之歧異；於步法，則有原地、行步、跳躍之區分；於造詣淺深，則有用力、用著、用勁、用氣、用神五者之程式。必於行動坐臥時刻存心，須臾莫離，運有工夫，始可稱之為練。必心到神隨，乃能每一動作，悉中肯綮③，始可謂之成功。必得心應手，純任自然，不假顧盼擬合，始可謂之懂勁。非如他拳可一蹴而就④也。學者，或淺嘗輒止⑤，或僅得一偏，便自滿足，其不貽笑於人者幾希。

時為己卯（一九三九年⑥）夏編於體育研究社中。

許禹生謹識

（注一）長拳一百零八勢傳到陳長興時期在陳家已失傳，陳氏拳家已專精於太極十三勢第一路及太極炮捶，餘僅存譜。許老在此序中稱「陳長興先生之長拳」，蓋未深考。

（注二）長拳一百零八勢於清乾隆年間由河南鏢師郭永福傳入山西省洪洞賀家莊。一九三六年，樊一魁著《忠義拳圖稿本》（洪洞縣滎儀堂石印，有光紙，分裝八冊），將此拳逐勢繪圖，勢名與歌訣和《陳氏拳械譜》所載相同，惟錯別字較多，雖已改名為「通背拳」，實為陳王廷所創在陳家溝已失傳之拳套。今洪洞縣高公村仍有人會練，但有重複拳勢動作多處，顯為日久有傳誤之處。

（注三）許老此處所謂「陳氏後人」乃指其師陳發科。據與許同時向陳老師學拳的李劍華（一八九〇—一九六三年）語我：許老初從楊澄甫學太極拳，後邀陳發科於一九二八年十月去北京授拳，許氏與沈家楨、李劍華亦從學。後來陳老師子照旭來京，與許推手，功力相等，但半年以後，照旭能將許打出，許遂認為陳老師授子認真，心頗怏怏。故雖為陳老師譜寫已失傳之第五路拳套，而不稱又其名。殊不知照旭被陳老師規定每日須練拳（第一路和第二路炮捶）兩次，每次須連續練拳十遍，再加上練推手、器械等，故功夫突飛猛進。許氏不從此點做比較，故心懷不滿。

（注四）指戚繼光《紀效新書》所載《拳經》三十二勢圖訣。

（注五）此書名《太極拳》，許禹生編，北京體育研究社發行，一九三九年五月初版，定價三角。全書共十七頁，每頁十三行，每行三十五字，版面字數為七千七百三十五字。序二頁。第五路太極拳共五十六個勢名，動作說明極簡單，僅十五頁，很難摹練，故至今未聞有傳習者。

（注六）徐震《太極拳考信錄》（一九三七年初版），從陳子明提供的《陳氏拳械譜》舊抄本（陳兩儀堂本）所錄「五套拳歌」為三十六勢，第一式為懶插衣，第二式為單鞭，第三十六式為當頭炮。

按：以上六條注解是唐豪與顧留馨私人通信中所言，注釋時全文抄錄，未做刪改。其中（注一）（注二）（注三）（注四）直接標在書上，注解中談及李劍華、許禹生、陳發科等人的情況，可供研究參考。

【注釋】

①隱：據唐豪標注，應為「穩」字。

②其猶龍乎：衆弟子問孔子道：「先生拜訪老子，可得見乎？」孔子道：「見之！」弟子問：「老子何樣？」孔子道：「鳥，我知它能飛；魚，吾知它能游；獸，我知它能走。走者可用網縛之，游者可用鉤釣之，飛者可用箭取之，至於龍，吾不知其何以？龍乘風雲而上九天也！吾所見老子也，其猶龍乎？學識淵深而莫測，志趣高邈而難知；如蛇之隨時屈伸，如龍之應時變化。老聃，眞吾師也！」許禹生用「其猶龍乎」形容太極拳如蛇之隨時屈伸，如龍之應時變化，神明淵深而莫測，志趣高邈而難知。

③悉中肯綮：典出《莊子・養生主》。悉中，全部擊中。肯綮，音ㄎㄣˇ

ㄑㄧˋㄥ，是指筋骨結合的地方，比喻事物的關鍵。用於形容這位庖丁的技藝高超。後比喻解決問題的方法對，方向準，切中要害，找到了解決問題的好辦法。

④一蹴而就：亦作「一蹴而成」「一蹴而得」。出自宋·蘇洵《上田樞密書》：「天下之學者，孰不欲一蹴而造聖人之域。」比喻事情輕而易舉，一下子就成功。

⑤淺嘗輒止：指不深入鑽研，略微嘗試一下就停下來。

⑥一九三九年：此五字是唐豪用鋼筆標注。

太極拳

一、預備式①

(1)直立開左足與肩齊，兩臂下垂，雙手貼體側，作掌下按（圖1）。

(2)雙臂向前平抬，高與肩齊，兩腿下蹲（圖2）。

(3)虛左足，雙臂橫直（左小臂豎起，手心向內橫屈，右肱反腕，手心向外）後擫（圖3）。

圖1　預備式(1)

圖2　預備式(2)

(4)左膝前弓，橫屈左肱前揮（圖4）。

(5)進右步，右手撩陰掌（圖5）。

圖3　預備式(3)

圖4　預備式(4)

圖5　預備式(5)

【注釋】

①預備式：起勢動作，雖然許禹生採用體操預備式的名稱，但仍然按傳統武術的起勢要求站立，兩腳與肩同寬，手垂兩側，作掌下按，並不是體操勢兩腳併立、手指指地、虎口向外。這一細小動作上體

現了傳統武術與體操的差異。

此預備式的(2)(3)(4)(5)動作，與顧留馨、沈家楨著《陳式太極拳》第一路第二式「金剛搗碓」動作一、動作二相同。

二、金剛獻杵式①

左臂橫屈胸前，掌心上仰（圖6），提回右足，屈右臂手作拳（圖7），隨右腿收回，橫肘下擊，拳背落左手心上（圖8）。

圖6　金剛獻杵式(1)

圖7　金剛獻杵式(2)

【注釋】

①金剛獻杵式：此式動作與陳子明《陳氏世傳太極拳術》《太極拳精義》第二式「金剛搗碓」相似，與《陳式太極拳》第一路第二式「金剛搗碓」有所不同，是後者動作之三。這是因為招式中的動作劃分歸屬不同。

三、懶扎衣式①

(1)兩掌上下分開，名指天劃地（圖9）。

(2)虛右足向後，足尖點地，成丁虛步樁，右臂右外下纏，左臂內上纏，手腕相

圖9　懶扎衣式(1)

圖8　金剛獻杵式(3)

搭作十字手（圖10）。

圖10　懶扎衣式(2)

(3)出右腿作弓箭步樁，左手插腰，右手伸臂坐腕前切（圖11）。

圖11　懶扎衣式(3)

【注釋】

①懶扎衣式：此式動作較現行陳式拳簡略。

四、六封四閉式①

(1)左手前伸，引右手（圖12）。

圖12　六封四閉式(1)

圖13　六封四閉式(2)

(2)屈雙臂，掌心向上，坐身左後履（圖13）。

(3)翻雙掌向右前方下按（圖14）。

(4)左腿跟上半步，作丁虛樁步（圖15）。

【注釋】

①六封四閉式：此式動作較現行陳式拳簡略。

圖14　六封四閉式(3)

圖15　六封四閉式(4)

五、單鞭式

(1)右臂伸直，手作勾形（圖16），左回身，左手心向內，循右臂經雙肩，屈肱出肘，時為丁虛樁步（圖17）。

(2)左臂立掌伸開，左膝前屈，右腿伸直，作左弓箭步樁（圖18）。

圖17　單鞭式(2)

圖16　單鞭式(1)

圖18　單鞭式(3)

六、護心拳

(1)右手作掌，掌心向上，隨身左傾，運臂左削至心窩為度，成右丁八步樁（圖19、圖20），即作摟右膝式下降。

(2)左手握掌①，隨身右傾，上抬經頭右側方下降，置右膝內下按，成右丁八步樁。

(3)運右臂上抬，屈肱，作拳，置右額前，作騎乘式樁步（圖21）。

圖19　護心拳(1)

圖20　護心拳(2)

圖21　護心拳(3)

【注釋】

①掌：根據上下文意，應作「拳」。

七、分水式

⑴自前式，右手下落變掌，搭左腕上，當心①作平十字手式，手心向下，騎乘步樁（圖22）。

⑵雙臂外展，手左右分，雙腿隨之下蹲，至兩臂成一直線形為度（圖23）。

【注釋】

①當心：指胸前心窩處。

圖22　分水式(1)

圖23　分水式(2)

八、前蹚拗步

(1)左手摟膝（圖24）。

(2)右腿直前上步，右臂隨步前伸，與肩平，作欲下摟勢，腿作丁八步樁（圖25）。

(3)右擰身，右手下摟，同時左手前探，作拗步掌，成弓箭步樁（圖26）。

圖24　前蹚拗步(1)

圖25　前蹚拗步(2)

圖26　前蹚拗步(3)

九、十字拳

(1)左回身，握拳，帶左臂屈胸前（圖27）。

(1)右手握拳，上搭，與左腕斜線形交叉，成十字拳式，作騎乘式樁步（圖28）。

十、下翼式

自上式雙臂下垂，提肘，手心向外（圖29），張兩臂若鳥翼形，兩臂外展上抬至肩與手平，成一直線為度（圖30）。

圖27　十字拳(1)

圖28　十字拳(2)

圖29　下翼式(1)

一一、臥虎肘

⑴自上式左臂翻轉內斬，至胸前中線，身右傾，成右丁八步樁（圖31）。

⑵屈左肱插腰，右手仰拳，身左傾，運臂左斬，成左丁八步樁（圖32）。

⑶屈右肱，提肘反手作拳，拳心向

圖30　下翼式(2)

圖31　臥虎肘(1)

圖32　臥虎肘(2)

外，食指根節貼右眼角，身復右傾，成右丁八步樁（圖33）。

(4)全身向左屈側，目視左足踵，時兩肘尖與左腳後跟成一直線，名臥虎肘（圖34）。

一二、披身錘

(1)全身復正，拳變掌，舒右臂，由頭

圖33　臥虎肘(3)

圖34　臥虎肘(4)

右方向右直伸，以與肩平為度（圖35）。

(2)右手復作拳下降，至左膝蓋裏方時，身又隨拳左傾，成右丁八步樁（圖36）。

(3)右拳翻轉上抬，自左上方隨向右下方猛擊，至拳與肩水平為度（時拳心向上）（圖37）。

圖36　披身錘(2)

圖35　披身錘(1)

圖37　披身錘(3)

一三、顛步①連珠炮

(1)收右臂如前(2)動（圖38），提右腿右轉身，右拳外撥下擊，收至拳位（圖39）。

(2)顛右腳落地，同時提起左腿，作獨立式，左臂從身後隨身向上高舉，拳鋒向前，作欲擊之勢（圖40）。

圖39　顛步連珠炮(2)

圖38　顛步連珠炮(1)

圖40　顛步連珠炮(3)

【注釋】

①顛步：單腳起跳，類似籃球運動中墊步。

一四、指襠錘

(1)落步向前，成斜騎乘式樁，右拳、左掌相搭胸前，成十字手形（圖41）。

(2)下分手如前下翼式（圖42）。

(3)左手摟膝，右拳自腰際向前下斜方立拳下指點，左手插腰，肘尖與右臂成一直線，作大弓箭步樁（圖43）。

圖41　指襠錘(1)

圖42　指襠錘(2)

圖43-A　指襠錘(3)
背面圖

圖43-B　指襠錘(3)
正面圖

一五、轉身七星拳

(1)扣左足，右後轉身，左手作拳，屈抱胸前（圖44）。

(2)後撤右步，右拳隨身收回，肘貼右肋（圖45）。

(3)點左腳成釣馬步，左拳仰拳，自

圖44　轉身七星拳(1)

圖45　轉身七星拳(2)

圖46　轉身七星拳(3)

右肱內穿出，伸至與鼻端齊，大指轉至向上為度，右拳置左肘下，雙臂均微屈（圖46）。

(4)此式以兩臂各三節，連同脖項為七，左臂譬如斗柄，右臂屈圈胸前，譬之斗杓，故名七星也。

一六、彎弓射虎式

一名當頭炮。

⑴雙臂（仍作拳），右後運平伸，拳眼向上，左腳踵著地（圖47）。

⑵左腿後退一步，雙拳自後右方，經頭右側，向前伸展，左拳前伸，屈右肱，右拳背食指根節，置右眼角，雙目前平視，作右弓箭樁步（圖48、圖49）。

圖48　彎弓射虎式(2)

圖47　彎弓射虎式(1)

圖49　彎弓射虎式(3)

一七、抽身四平拳①

左回身，雙臂後擺（圖50），左臂後伸上起，經頭左側向前下搬，圈回，經過胸前（圖51），右臂自左臂內屈肱、仰拳、轉腕作螺旋形打出，左臂後撤，收回拳位，拳肩膝步，四者相平，故曰四平（圖52）。

圖50　抽身四平拳(1)

圖51　抽身四平拳(2)

圖52　抽身四平拳(3)

【注釋】

①四平拳：戚繼光《紀效新書》中三十二式拳經，四平式前後三見，即中四平、高四平、井欄四平。「中四平式實推固，硬攻進快腿難來，雙手逼他單手，短打以熟為乖」；「高四平身法活變，左右短出入如飛，逼敵人手足無措，憑我便腳踢拳錘」；「井欄四平直進，剪臁踢膝當頭，滾穿劈靠抹一鈎，鐵樣將軍也走」。四平式攻守皆備。

一八、回峰雁翅式

(1)右前回身上步，作弓箭步樁。

(2)左掌自右腋下穿出，左臂循左胯上平抬前伸，掌心外向，右臂提肘反掌置於頭右上方（圖53、圖54）。左式同前（圖55、圖56）。

圖53　回峰雁翅右式(1)

圖54　回峰雁翅右式(2)

圖55　回峰雁翅左式(1)

圖56　回峰雁翅左式(2)

一九、回身探馬拳

(1)由前式左回身，左手外（圖57），握拳歸左肋下拳位，仰手心作拳（圖58）。

(2)右手外纏回撤，由右肋下經左肩前循左臂出拳，垂肩墜肘，屈肱橫小臂，斜

圖58　回身探馬拳(2)

圖59　回身探馬拳(3)

圖57　回身探馬拳(1)

攔向前，腕部較肘高起，肘彎成鈍角，陰（少陰）拳，拳心斜向外下方，拳正當鼻部，若牽馬轠繩然，斂前左足點地，蹲後右腿作丁虛步樁（圖59）。

二十、躍步抹眉肱

(1) 由前式出左步踏地，舒右肱，右拳變掌（圖60）。

(2) 躍右步，同時右掌前穿，成右弓箭步樁（圖61）。

圖60　躍步抹眉肱(1)

圖61　躍步抹眉肱(2)

二一、轉身腰攔肘

(1)左腿後撤半步，左轉身成右丁八步樁，右後坐身，屈右肱平張，左肱對左膝上（圖62）。

(2)以右腰眼之力，弓左膝蓋，送右肘橫擊左肱內方，屈左肱，伸掌橫攔置左膝上，正拍右肘，肘尖作聲（圖63）。

圖62　轉身腰攔肘(1)

圖63　轉身腰攔肘(2)

二三、左右大肱拳

(1)兩手作拳，運臂斜上下分，左拳向左下方，右拳向右上方一開（圖64）。

(2)左臂轉升向左上方頭側高舉，翻拳上架，右臂屈肱握拳，順纏下降，至與雙乳齊平時，向左肋左肘下方向橫擊，（一合勁）右足同時提起，目左上視，是為左大肱拳（圖65）。

圖64　左大肱拳(1)

圖65　左大肱拳(2)

圖66　右大肱拳(1)

圖67　右大肱拳(2)

又⑴右足落地，右臂右上舉，護頭部（圖66）。⑵左肱下降，屈肘橫擊右肋肘下，提左腿隨之，以助其力，是為右大肱拳（圖67）。

二三、拗步左扇（應作「搧①」）式

⑴由上式左腿隨左臂向後撤，足心落地（圖68）。

⑵作右弓箭步樁，右臂提肘握拳，向膝前自裏外摟，小臂膀宜豎起，提肘與地平，作垂直（圖69）。

圖68　拗步左扇式(1)

(3) 左臂伸直，以掌向右橫擊敵面部，右拳歸位，擰腰以助其力（圖70）。

圖69　拗步左扇式(2)

圖70　拗步左扇式(3)

【注釋】

①搧：原著注作「搧」，即以手掌搧打敵人面部。俗稱「左右開弓」「打耳光」。此式在太極拳中不多見。

二四、拗步右扇式

(1)自前式上左步，作左弓箭步樁，左臂提肘，小臂垂直，摟右膝（圖71）。

(2)右臂伸直，以掌橫擊敵面部，同時左手歸拳位，擰腰以助其力（圖72）。

圖71　拗步右扇式(1)

圖72　拗步右扇式(2)

二五、右埋伏式

⑴自右扇式兩手作拳，兩臂左右分展，右臂向右前上方伸開，左臂同時向左後下方伸展（圖73）。

⑵雙臂復各內運下垂，至腹前交叉相搭，左臂在上（圖74）。

⑶左腿向右方橫邁一步，成左弓箭樁步，同時兩臂分開，左臂向左後方伸直，拳與肩平，右臂自左肱內掏出，作曲尺形，拳心向內，對右耳上方，小臂

圖73　右埋伏式(1)

圖74　右埋伏式(2)

注：正面照可參見圖79

圖75　右埋伏式(3)

圖76　右埋伏式(4)

膀垂直高舉，大臂膀自肘尖處與左臂水平成一直線，右肘彎處為直角（圖75）。

(4)左腿下蹲，屈右膝跪地，回首目視左拳（圖76）。

二六、左蹬腳

(1)右腳向左後方微挪移，雙臂內抱，兩腕相搭成十字手形（圖77）。

(2)右腳心著地，同時分張兩臂，起身提左足前蹬（圖78）。

圖77　左蹬腳(1)

二七、左埋伏式

(1)左轉身，左足向左後方落步，左臂隨之下垂，右臂搭於左臂上（圖79）。

(2)右腿橫邁一步，至左腿前，左臂沿胸前臂出上舉，右臂由下方向右平伸，如左式（圖80）。

圖78　左蹬腳(2)

圖79　左埋伏式(1)

圖80　左埋伏式(2)

(3)右腿蹲屈，左腿跪地，回首目視右拳（圖81）。

二八、右蹬腳

左腳挪移，提右腳起身前蹬，均如前之左式，惟左右相異耳（圖82、圖83）。

圖81　左埋伏式(3)

圖82　右蹬腳(1)

二九、顛步連珠炮①

(1)身體半面轉右，右腿收回顛腳著地，收右臂屈肱作拳，立肘外撥，同時收右腿，右足顛地（圖84）。

(2)左腿隨右腿著地時，提膝躍起，高舉左臂，如第一個連珠炮式（圖85）。

圖84　顛步連珠炮(1)

圖83　右蹬腳(2)

圖85　顛步連珠炮(2)

【注釋】

①顯步連珠炮：此式同第十三式。如此重複跳躍動作，也是陳式太極拳第五路的一個特點。

三十、掩肘洪拳①

(1)左足前落，成一斜向騎乘式，兩手右拳左掌，相搭胸前（圖86）。

(2)蹲身下坐，同時兩手向下左右分展，抬至與肩水平（圖87），手心轉上。

圖86-A　掩肘洪拳(1)
背面圖

圖86-B　掩肘洪拳(1)
正面圖

圖87　掩肘洪拳(2)

(3)左手作拳，漸漸收回拳位，右臂屈肱作拳，拳心向下，掛耳作欲擊勢（圖88）。

(4)右拳經左掌心，覆拳伸臂，直前擊打，左肘尖沿肋後掣，並弓左膝以助右拳前擊之力，成左弓箭步樁（圖89）。

圖88　掩肘洪拳(3)

圖89　掩肘洪拳(4)

(5)洪者，大也，此拳在拳路中為最大努力，故曰洪，又左肘尖掩肋掣回，故曰掩肘。

【注釋】

①掩肘洪拳：陳子明稱「演手紅捶」（今名掩手捶）。現行陳式拳稱「掩手肱捶」。「洪」「紅」「肱」三字音相近，含義卻不同。此處「洪」有洪荒、努力，即洪荒之力之意。正如許禹生強調：「洪者，大也，此拳在拳路中為最大努力，故曰洪。」因此，「洪拳」表示陳家拳的剛烈，並留有外家拳痕跡。

三一、收步右分腳

(1)自洪拳式，右足前跟半步，抵左足後，雙腿下蹲，兩臂相抱於胸前，成十字手（圖90）。

(2)起身提右足向右分踢，兩臂同時向左右分展（圖91）。

圖90　收步右分腳(1)

圖91　收步右分腳(2)

三二、左轉擺連腿

(1)左後轉身，收右足下落置左足前，雙腿下蹲，兩臂收回，成十字手（圖92）。

(2)起身提左腿（圖93），外擺（圖94），向前落地，同時收回雙臂，內抱搭成十字手（左上右下）（圖95）。

圖92　左轉擺連腿(1)

圖93　左轉擺連腿(2)

圖94　左轉擺連腿(3)

圖95　左轉擺連腿(4)

三三、雀地龍式

一名切地龍，又名一堂蛇。

⑴右蹲身，左腿伸直，成半仆叉樁步，仰右手作拳（圖96），向頭後右側方伸穿，同時左臂循左腿內側下伸，左掌掌鋒向下經左足腕前穿（圖97）。

⑵弓左膝，身隨之起，或作護肩掌亦可（圖98）。

⑶再蹲身換做如前（圖99）。

圖96　雀地龍式(1)

圖97　雀地龍式(2)

圖98　雀地龍式(3)

圖99　雀地龍式(4)

三四、金雞獨立式

(1)由前雀地龍式，弓左膝起立，仍作半蹲式，右足尖點左踵內側，兩臂胸前相搭，左橫右豎，作欲上穿之勢（圖100）。

(2)左腿直立，右手由左肱內向上穿提，小臂膀上翻轉上托，左臂垂伸，橫拳

圖100　金雞獨立式(1)

圖101　金雞獨立式(2)

貼左胯下按（圖101）。

三五、丹雞撲地式①

(1)自前式右臂下垂（圖102）。

(2)蹲身雙手拍地（圖103）。

圖102　丹雞撲地式(1)

圖103　丹雞撲地式(2)

【注釋】

①丹雞撲地式：此式在現行太極拳中不多見。武術中撲地式，往往是背後

受敵攻擊，身子前撲時，以腳後踢，反敗為勝之術。而此處是乘勢將敵撲倒下按之用。

三六、朝天燈（亦作「蹬」）式①

(1)雙手向左平運，若揉球然。

(2)左手順纏，翻手自右肱內穿出（圖104），隨提左膝，反左拳覆頭上左側方，曲肱上托（圖105）。

圖104　朝天燈式(1)

圖105　朝天燈式(2)

【注釋】

①朝天燈式：燈，原著注「亦作蹬」。此式左手上舉如擎朝天燈。「朝天燈」諧音「朝天蹬」，如作「朝天蹬」，須左腳向上蹬過頭頂，如京劇中武生動作，難度較大，且技擊意義不明確，故仍作「朝天燈」。

三七、倒捻肱①

倒者，退步後行，捻者，轉肘骨也。

(1)左臂下落，屈肘貼左肋下腰際，手心向上，右臂自頭後上舉，彎轉屈肱下降（圖106），手貼右耳側，作前推下合勢。

圖106　倒捻肱左式(1)

(2)左腿隨左臂後運時，同時後退，成右弓箭步樁，同時右掌經過左手心，右臂向前伸直，左臂隨亦向後伸直（圖107、圖108）。（附倒捻肱右式圖109、圖

圖107　倒捻肱左式(2)

圖108　倒捻肱左式(3)

圖109　倒捻肱右式(1)

圖110　倒捻肱右式(2)

110、圖111）

【注釋】

①倒捻肱：現寫作「倒捲肱」。此式視場地大小可重複做，一般連續做單數。

三八、白鶴展翅式①

(1)自上式倒捻肱式，退至左腿在前時坐身，左臂內收外轉，右手從頭後向前一合（圖112）。

(2)右臂協同左臂，左後擺，左腿隨向左後方撤一步（圖113）。

(3)隨即左臂翻掌上揚，向左斂右足，右手上搭左臂（圖114）。

圖111　倒捻肱右式(3)

圖112　白鶴展翅式(1)

圖113　白鶴展翅式(2)

圖114　白鶴展翅式(3)

(4)右足略一點地，復向右前方開半步，右臂自左臂內方抽出，右上揚至頭右上方②，屈肱斜展，同時左臂向左下方分展，至離左胯傍約尺餘，掌心向後斜下按，左足向內一收，至離右足半尺，足尖點地（圖115）。

(5)兩臂一上揚一下展，參差如仙鶴之

圖115　白鶴展翅式(4)

舒展其翼，故名白鶴展翅云。

【注釋】

①白鶴展翅式：現稱「白鶴亮翅」。

②上揚至頭右上方：由此可見「陳式第五路」動作幅度較大，有如外家拳之張揚。

三九、拗步斜行式

⑴左足踵落實，右臂左運，經頭左側方下垂，手至左膝蓋外，向裏勾摟，收回右胯傍（圖116）。

⑵左足前進半步，左臂上舉，經過頭右側方下降（圖117），至左膝內方向外摟左膝蓋，圈轉左臂復經過左胯側方，左足

圖116　拗步斜行式(1)

圖117　拗步斜行式(2)

前出半步，手作勾形，上抬至腕與肩水平時，腕向左後方停住（圖118）。

(3)右臂內回掌護左肩，復向右前方伸展，坐腕揚指，以掌鋒前推，臂微屈肘節與左臂成一直線，坐腕掌前伸掌鋒向前，食指對鼻，腿成左弓箭步樁（圖119）。

圖118　拗步斜行式(3)

圖119　拗步斜行式(4)

四十、琵琶式

(1)兩臂收回，左手在前，右手在後，參差相抱，若持琵琶，故名（圖120）。

(2)左腳收回，足踵略提，雙腿蹲屈，成長三椿步（圖121）。

圖120　琵琶式(1)

圖121　琵琶式(2)

四一、搧通臂①

(1)由上式左足踵落實，足尖裏扣，坐身，雙手向右下方後攌至右腕近右腿根小腹側（圖122）。

(2)繼上動，雙手運轉上舉，經頭左側上方過頭頂下降，向左後方下攌，身隨步轉，左足後撤一步（圖123）。

【注釋】

①搧通臂：以搧、攌、採為主，與現行太極拳中「扇通背」不同。

圖122　搧通臂(1)

圖123　搧通臂(2)

四二、倒騎龍式

(1)左手至左胯尖時，即伸臂後展，再彎轉上升(圖124)，經頭頂向前橫臂下搬，同時右手自左肱內仰掌前穿（圖125）。

(2)繼上動左手向左胯傍橫摟下按，距離左胯尺餘停住，同時左足前進一步成丁虛步樁，頭左後顧視（圖126）。

圖124　倒騎龍式(1)

圖125　倒騎龍式(2)

圖126　倒騎龍式(3)

四三、運手①

一名雲手。

(1) 左臂自內下方用順纏勁揮肱向外上方運展，至頭上左側方（圖127），右腿隨之提起，右臂隨左臂由上而下、而內，停至左胯前扣拳下按，是為左式運手（圖128）。

(2) 右足隨左臂擠步下落，同時提左腿，右臂順纏，高舉如左式，左右運行

圖127　運手左式(1)

圖128　運手左式(2)

（圖129、圖130）。其次數多寡，視場地大小為準，總以單數為度。

圖129　運手右式(1)

圖130　運手右式(2)

【注釋】

①運手：亦稱「雲手」，與現行陳式拳中的雲手有所不同，內有扣拳下按擒拿的動作。

四四、前分手

(1)由上式行至左式運手時，並右步，右腕上搭左腕，成十字手式，作騎乘

圖131　前分手(1)

圖132　前分手(2)

式樁步，掌心內向（圖131）。

(1)雙臂由前方左右分掙，掌心向外，以展至兩臂成一直線為度（圖132）。

四五、高探馬式

(1)自上式雙臂將展至一直線時，同時左臂屈肱後撤至拳位，掌心向上，右小臂屈肱上抬轉腕，掌心向前，指尖擦右耳斜掌前推（圖133、圖134）。

(2)左腿後退一步，左足足尖點於右腿之後，約離六寸許，同時右臂下展，由頭後方上升，轉至頭右上側方，前伸經左掌心一合，仍前舒展，若在馬上持韁繩狀，是謂高探馬式（圖135）。

四六、小擒打

(1) 左手自右肋下插出，左腿前進半

圖133　高探馬式(1)

圖134　高探馬式(2)

圖135　高探馬式(3)

步，轉身半面向右，右臂上展，手掌貼右額角上（圖136）。

(2)右臂後下運展（圖137），復向左臂肘下前按，同時右足再進半步，左臂上架，至左額角上，手心向外，右足亦隨右掌前進半步，以助按捺之力（圖138）。

圖136 小擒打(1)

圖137 小擒打(2)

圖138 小擒打(3)

四七、回身十字腿

(1)右回身向後雙臂相搭為十字手，左手在上（圖139）。

(2)提右腿向外擺踢，以左掌拍擊右足外側方（圖140）。

四八、摟膝指襠錘

一名指點錘。

(1)落右步，身右後轉，右手摟膝（圖141）。

(2)上左步，左手向外摟膝，左手插腰。

圖139　回身十字腿(1)

圖140　回身十字腿(2)

圖141　摟膝指襠錘(1)

圖142　摟膝指襠錘(2)

圖143　摟膝指襠錘(3)

(3)右手作拳，置右腰際拳位，仰拳拳心向上，藉腰左轉，並左膝前弓之力，右臂伸拳拳心漸轉向內（左）向斜下方點擊，臂與地約成四十五度角度，腿作左弓箭步樁（圖142、圖143）。

四九、猿猴獻果式①

自前式探身，兩臂各由外方作拳，向

內上抄抱，兩拳距離約與肩齊，雙肱回屈向內，兩拳上舉，拳與頭頂相齊，臂彎處約成直角，作右弓箭步樁（圖144）。

【注釋】

①猿猴獻果式：現稱「白猿獻果」。

五十、六封四閉式

(1)自上式左迴身下蹲，屈雙臂，左後下擺（圖145）。

(2)復右迴身雙臂自後上升，蹲身雙手下按，左腿收回半步，足尖點地，距右足踵後約六寸（圖146）。

圖144　猿猴獻果式

圖145　六封四閉式(1)

圖146　六封四閉式(2)

五一、單鞭式

(1)右臂伸直，手作勾形（圖147），左回身，左手心向內，循右臂經雙肩，屈肱出肘，時為丁虛樁步（圖148）。

(2)左臂立掌伸開，左膝前屈，右腿伸直，作左弓箭步樁（圖149）。

圖147　單鞭式(1)

圖148　單鞭式(2)

圖149　單鞭式(3)

五二、上步七星式

(1)左臂內搬回屈胸前。

(2)上右步向前，右拳自右①循右肋經左臂彎內，向前衝打，拳心斜上仰，食指二節，正對鼻端，左拳屈肱置右肘下，右足尖點地，成釣馬步樁（圖150、圖151）。

圖150　上步七星式(1)

圖151　上步七星式(2)

【注釋】

①右：此字後有一字空，疑缺字。

五三、退步跨虎式

(1)左臂腕上搭右腕，翻轉前推（即左腕轉至右腕下，伸掌前推也）（圖152）。

(2)雙腕反轉收回，仍相搭胸前，雙掌心貼胸上捧（圖153）。

圖152　退步跨虎式(1)

圖153　退步跨虎式(2)

圖154　退步跨虎式(3)

圖155　退步跨虎式(4)

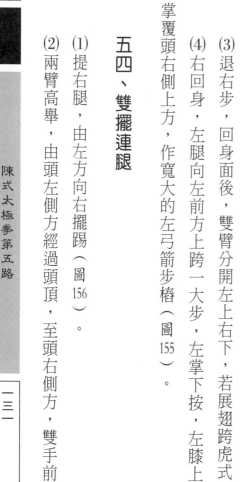

(3)退右步，回身面後，雙臂分開左上右下，若展翅跨虎式（圖154）。

(4)右回身，左腿向左前方上跨一大步，左掌下按，左膝上。右臂高舉，反掌覆頭右側上方，作寬大的左弓箭步樁（圖155）。

五四、雙擺連腿

(1)提右腿，由左方向右擺踢（圖156）。

(2)兩臂高舉，由頭左側方經過頭頂，至頭右側方，雙手前伸，自右向左拍右足背（圖157）。

(3)右腿下降，落於右後方（圖158）。

五五、彎弓射虎式

一名當頭炮。

(1)雙臂（仍作拳），右後運平伸，拳眼向上，右腳踵著地（圖159）。

圖156　雙擺連腿(1)

圖157　雙擺連腿(2)

圖158　雙擺連腿(3)

圖159　彎弓射虎式(1)

(2)左腿後退一步，雙拳自後右方，經頭右側，向前伸展，左拳前伸，屈右肱，右拳背食指根節，置右眼角，雙目前平視，作右弓箭樁步（圖160）。

圖160　彎弓射虎式(2)

五六、金剛獻杵式

左臂橫屈胸前（圖161），掌心上仰，

圖161　金剛獻杵式(1)

提回右足，屈右臂手作拳（圖162），隨右腿收回，橫肘下擊，拳背落左手心上（圖163）。收勢（圖164）。

按：底本末頁唐豪先生用鋼筆書寫：「陳兩儀堂本，『陳氏拳械譜』五套拳歌為36勢」。

本套路動作由胡開宸先生演示。

圖162　金剛獻杵式(2)

圖163　金剛獻杵式(3)

圖164　收勢

光燦賢契惠存

許禹生先生著

少林十二式

褚民誼題

行乾賢契

惠存

著者肖像

序

拳術由來已久。至少林始集其成。鎔修心性壯身技擊舞蹈於一爐。故有虎、豹、蛇、鶴、龍五拳之創造。凡中國形而上學術中所具之剛柔捭闔虛實動靜無不包羅此五拳之中。蓋人與人相接之學均不能超過此理也。惜後代繼起者偏於肌肉骨力之運使。忽於氣功精神之鍛鍊。得其剛而失其柔。無水火相濟之功。無陰陽互變之妙。常予人一種不良印象。似乎非至剛不足稱爲少林拳也。故元末之紀。隱君子張三丰先生有見於此。從而翻之。顚倒原有次序。先柔而後剛。行氣運於始。以內壯爲先。使學者不能半途而止。安於小成。蓋非繼之以剛不足以盡技擊之用也。及其成也。固無分軒輊。吾同門許君禹生。既精武當。復工少林技能。融會所長。製爲專書。以惠國人。近復本少林原有圖式。貫以武當練法。編成少林十二式一書。用作習國術者之基本功夫。內中均本科學精神。呼以口令。由淺入深。適合各門國術初步之用。少林拳可用。武當拳亦可用。洵爲初入國術門者。不可越級之練習書也。是爲序。

中華民國二十三年九月南通維周沈家楨

凡例

一、少林十二式。每式內均含有拳術基本姿勢。習者按式練習。自能穩固樁步。靈活肢體。

一、此書圖式詳明。學者依圖自行練習。自能強健身體。調和氣血。令弱者轉強。柔者安康。有醫療體操之價值。

一、體育家每謂拳術姿勢。概爲全身運動。殊不盡然。茲體察每式主要部分。分註於後。以便編教案者之採擇。

一、此書解釋務期明顯。適合高級小學初級中學之教材。教授體操或國術者。均可採用。

一、書中用語。間有粗俚者。惟意有專指。未便更易。概仍其舊。

一、此書編撰時。由寵厚說明動作。舍姪小魯筆記。舍甥鄒晉堦繪圖。至辨正姿勢。商定說明。則有石君子齋。李君劍華。蘇君紹眉等。極資輔助。並誌於此。用誌勿諼。

少林十二式目次

少林十二式敍

內家祖述武當，外家祖述少林，學有淵源，方爲探本，余幼喜修養之術，於內經導引，華陀五禽之書，靡所不讀，熊經鳥引，動諸關節，呼吸吐納，鍛鍊神氣，皆所以却病延年，使人難老也，然其術流傳旣久，難免失眞，嗣得舊藏達摩初祖之易筋經讀之，其內壯養神氣，外壯練筋骨，并附有站功十二勢，每勢皆有歌訣，頗具深意，習者不察，徒事皮相，模倣形式，而未悉其以心行氣，以氣運身之精意，甚可惜也，余嘗謂人身係精神與肉體二者合成，鍛鍊方法，自應本身心合一，二者兼施之旨，方能有效，俾合於近代體育上之修養，使人人得完成其人格，前在北平創辦體育學校嘗採爲敎材，尋復次其淺深，竅其用意，編爲敎程，用授學子，習者稱便，均謂此術不惟修養身心，且所具各式可爲各派拳術之基本練習，習國術者首先習此，以爲基礎，無論再習何種門類，均易進步，方今中央提倡體育，敎育部特設體育補習班於首都，召集全國體育專家研習其中，以事宣傳，而廣國術之推行，余不揣鄙陋，將所編之少林十二式列爲國術初級課程，并貢獻拙著以爲講義，尙

望海內賢豪進而敎之，則幸甚矣，時爲

中華二十二年夏敍於首都

燕北禹生許龗厚敍

序

拳術由來已久，至少林①始集其成，融修心性、壯身、技擊、舞蹈於一爐，故有虎、豹、蛇、鶴、龍五拳之創造。凡中國形而上學術中所具之剛柔、捭闔②、虛實、動靜無不包羅此五拳之中。

蓋人與人相接之學均不能超過此理也。惜後代繼起者，偏於肌肉骨力之運使，忽於氣功精神之鍛鍊，得其剛而失其柔，無水火相濟之功，無陰陽互變之妙，常予人一種不良印象，似乎非至剛不足稱為少林拳也。故元末之紀，隱君子張三豐③先生有見於此，從而翻之，顛倒原有次序，先柔而後剛，行氣運於始，以內壯為先，使學者不能半途而止、安於小成。蓋非繼之以剛不足以盡技擊之用也，及其成也，固無分軒輊④。

吾同門許君禹生，既精武當，復工少林技能，融會所長，製為專書，以惠國人。近復本少林原有圖式，貫以武當練法，編成《少林十二式》一書，用作習國術者之基本功夫。內中均本科學精神，呼以口令，由淺入深，適合各門國術初步之用，少林拳可用，武當拳亦可用，洵為初入國術門者，不可越級之練習書也。是為序。

中華民國二十三年九月南通維周　沈家楨⑤

【注釋】

①少林：少林寺是著名的佛教寺院，是漢傳佛教的禪宗祖庭，在中國佛教史上佔有重要地位，被譽為「天下第一名剎」。其因少林功夫而名揚天下，素有「天下功夫出少林，少林功夫甲天下」之說。

②捭闔：捭，開的意思；闔，閉的意思。

③張三豐：歷史上頗有爭議的人物。《明史·方伎傳》載：「張三豐，遼

東懿州人，名全一，一名君寶，三豐其號也。」《清・地方誌・岷州誌》載：「自稱張安忠第五子，生於元癸酉年（一三三三年）六月十八日。名君實，字全一，別號葆和容忍。張良之後。」有一說，其因不在意衣著穿戴，衣服鞋子很破爛，又號張邋遢。

有學者認為「三」與「豐」暗合八卦乾坤二象，故借用「三豐」作為太極文化的符號，並非指具體的人物。

④軒輊：音ㄒㄧㄢ ㄓˋ，喻指高低輕重。

⑤沈家楨：一八九一——一九七二年，江蘇如皐人，國內外知名的太極拳家，著有《太極拳精義》《陳式太極拳》《行功太極拳》等書。沈家楨根據個人練拳體會，寫下《太極拳精義》，提出太極拳練法要旨和自我考查的依據。一九五七年，沈老受北京人民體育出版社的委託，開始撰寫《陳式太極拳》書稿。他根據以往所收集的大量太極拳資料，對陳式太極拳詳加研究，總結出太極拳八大特點，並將其列於該書之首。因此，《陳式太極拳》一書集太極拳理論之大成，

極受讀者歡迎。沈老晚年創編成《行功太極拳》，此套拳術既有健身功用，又有纏絲勁和技擊的作用。

按：許禹生編寫此書目的，已不是純粹地介紹少林拳術，而是借用少林武術的一些動作，融「武當」的練法，結合西方體育的特點和近代科學知識，配以口令，以將之作為各門武術的基本功，及適合於中、小學推廣武術的初級教材。他在序言中說明：「近復本少林原有圖式，貫以武當練法，編成《少林十二式》一書，用作習國術者之基本功夫。內中均本科學精神，呼以口令，由淺入深，適合各門國術初步之用，少林拳可用，武當拳亦可用，洵為初入國術門者，不可越級之練習書也。」「此書解釋務期明顯，適合高級小學、初級中學之教材。教授體操或國術者，均可採用。」

凡例

一、少林十二式，每式內均含有拳術基本姿勢。習者按式練習，自能穩固樁步，靈活肢體。

二、此書圖式詳明，學者依圖自行練習，自能強健身體，調和氣血，令弱者轉強，柔者安康，有醫療體操之價值。

三、體育家每謂拳術姿勢，概為全身運動，殊不儘然。茲體察每式主要部分，分記於後，以便編教案者之採擇。

四、此書解釋務期明顯，適合高級小學、初級中學之教材①。教授體操或國術者，均可採用。

五、書中用語，間有粗俚者，惟意有專指，未便更易，概仍其舊。

六、此書編撰時，由龕厚說明動作，舍侄小魯筆記，舍甥郎晉墀繪圖。至辨正姿勢，商定說明，則有石君子壽、李君劍華②、蘇君紹眉等，極資輔助。並書於此，用誌勿諼。

【注釋】

①教材：民國四年（一九一五年），北京體育研究社許禹生等向全國教育聯合會提出《擬請提倡中國舊有武術列為學校必修科》議案，全國教育聯合會通過「提倡中國舊有武術列入體操科」後，許禹生等人立刻著手編著中小學武術教材，《少林十二式》《羅漢須功法》《太極拳術單練法》等都是當時編寫的武術教材。

②李君劍華：李劍華，中國著名的武術家，北京體育研究社的骨幹人物，曾參與《陳式太極拳》一書的編寫，但在出版的多本「武術大辭典」中均未收錄他的相關簡介。

李劍華是許禹生創辦的《北京體育研究社》的骨幹之一，曾在東北大學擔任體育與武術教師。也曾與許禹生一起跟陳發科學過拳。民國十七年（一九二八年）十一月，值許禹生《太極拳勢圖解》三版時，李劍華為該書寫跋。在許禹生編寫此《少林十二式》過程中，李劍華「極資輔助」，說明李劍華在民國時期已是較有影響的武術家。

一九五八年，李劍華受國家體育運動委員會委託，和唐豪、顧留馨、陳照奎及李經梧等編寫《陳式太極拳》一書。其中「陳式太極拳」傳統一路動作說明，由李劍華執筆、陳照奎拍插圖照。

據顧留馨日記記載，一九五八年十月三日，「午後三時，李劍華應約來談陳架太極拳寫法，唐豪也參加，擬由我和李（劍華）去陳家溝訪陳照旭，兼解決史料問題」；十月十八日，「上午陳照奎報到，告以寫老架拳書，由其拍照，即介紹給尹維中」；十月十九日，「八時陳照奎來，練老架，餘乘此得糾正老架之機會。約李劍華談寫老架事」；十月二十二日，「上午和陳照奎練老架、糾正第一節姿勢。和陳再研究老架照片，預計需拍二百三十九張，李劍華、李經梧後天始能集中寫老架動作。唐豪感冒，先電話中慰問」；十月二十四日，「九時許，李劍華、李經梧來，商定拍照二百二十五張」；十二月六日，「李劍華來信，希我發揮陳架理論」；一九五九年四月十二日，「九時陳照奎來，糾正二路姿勢。十時半，李劍華、李經梧、孫楓秋、雷慕尼來整理改拍照片約需七十張」。

在寫作過程中，顧留馨經常查問進度。如其日記一九五八年十一月二十六日記載，「李劍華寫的動作說明部分不知完成否，請你（唐豪）催問一下」；一九五九年五月八日記載，「會史玉美，知李劍華每週二、四去審稿」；十一月二十八日記，「函李劍華，告以陳架理論部分僅源流未寫，希告何時交稿」；一九六〇年十二月七日記載，「上午掛號寄人民體育出版社尹維中：陳氏老架太極拳稿一二七頁×三百字，連同唐豪著《廉讓堂本太極拳譜考釋》（當時顧執筆撰寫的部分已有三萬八千一百字）。午後函李劍華、尹維中希審稿、修改」。

《陳式太極拳》的編寫從一九五八年十月至一九六三年十二月，歷時整整五年。李經梧在一九五九年五月就退出小組，僅參與了七個月。而且他只是「演示」動作，而不是「執筆」。

其日記一九六一年一月七日記載「李劍華覆信，因老衰日工作二三小時」；一九六一年二月一日記載「李劍華介紹沈家楨寫陳架技術云」。因李老身體不佳，無法靜心寫作完成陳式太極拳的動作說明，李劍華推薦沈家楨續寫第一路：「李因瀉血、便秘體衰，子肺病二年休養，經濟上有困難」。

一九六三年十二月六日，沈家楨給顧留馨信中說得很明白：「李老不幸的是他的公郎患了肺結核，取去幾根肋骨，他心膽俱裂，每次來信都提及病況，憂慮放不下，最近半年沒有來信，不料已經去世，可悲可歎。」李老雖是盡力而為，但只寫了一萬兩仟零五十字的草稿，連第一路都沒完成，難以印成書本出版。

顧留馨日記一九六三年十二月九日記載「李維成函告其父李劍華逝世」；「十二月十四日復李維成，唁其父（李劍華）逝世」。之後，顧留馨曾寫信給李天驥，請求國家體育運動委員會關心照顧李劍華家屬。

李劍華晚年生活窘迫，因此想讓售部分藏書以解燃眉之急。一九六一年九月八日顧留馨日記載：「李劍華函寄藏武術書目錄，要我估價。估計三百二十八元。擬於二百九十五元收購」。顧留馨為此編列預算，由上海體育宮從購書款項中支付。

其日記十月五日記載：「八時半和閻海去李劍華家，到已十時，李因瀉血、便秘體衰，子肺病二年休養，經濟上有困難。藏書要一起讓售。乃先付八十元，尚有一百二十元，俟明年有預算再付清。李希將推手大捋介紹推廣。太極拳離開競技（技擊）將越練越少，前景擔憂。陳發科（福生）照希放大保存。李又出示陳發科、許禹生、吳鑒泉、劉思綬等合攝照片」。一九六一年十一月十八日顧留馨記「將李劍華藏書、太極拳抄本油印本送宮」。

一九六三年十二月出版的《陳式太極拳》初版前言：

太極拳是我國國有的一種拳術，民族特色非常突出。但在解放前，這一寶貴遺產只為少數剝削階級所獨佔。解放後，在黨的關懷和支持下，太極拳才得以推廣，成為廣大人民療病和健身的手段。

陳式太極拳是最古老的一套太極拳，但其老架動作從無專著介紹。為了挖掘這一遺產，人民體育出版社於一九五八年秋，委託唐豪、顧留馨、李劍華、李經梧、陳照奎五人編寫此拳。後因唐豪逝世，李劍華老病而中輟。

一九六一年夏，人民體育出版社改約我們從頭寫起。初稿成後，幾經修改和審訂，周元龍同志代為畫圖並對動作說明做了統一加工，邵柏舟和楊景萱二同志代為謄寫校正，巢振民和雷慕尼二同志獻出陳發科的生前拳照，陳照奎同志代為最後校訂等，在此一併感謝。

本書中陳式太極拳簡介和第四、五章由顧留馨執筆（第四章第六節是沈家楨寫的），第一、二、三章由沈家楨執筆，拳照是陳發科的生前遺照（攝於一九四七年，時年六十歲），不足部分由其子陳照奎補照。

本書所介紹的陳式太極拳第一路和第二路拳套是陳發科生前所傳的拳套。

本書旨在繼承祖國的這一代優秀遺產，雖然編寫工作歷時四年之久並幾經修改，筆者又從學於陳發科老師（沈家楨在三十年前即跟陳發科學拳），但由於學力未夠，闡發難免有疏漏之處，尚希讀者指正。

沈家楨、顧留馨　一九六三年七月

以上是筆者惟一能收集到的李劍華先生的資料，一併抄錄，供學者研究時做參考。

《少林十二式》目次

《少林十二式》敍

內家祖述武當，外家祖述少林①，學有淵源，方為探本。余幼喜修養之術，於《內經》導引②、華佗五禽③之書，靡所不讀，熊經鳥引，動諸關節，呼吸吐納，鍛鍊神氣，皆所以卻病延年，使人難老也。然其術流傳既久，難免失真，嗣得舊藏達摩初祖之《易筋經》④讀之，其內壯養神氣，外壯練筋骨，並附有站功十二勢，每式皆有歌訣，頗具深意。習者不察，徒事皮相，模仿形式，而未悉其以心行氣，以氣運身之精意，甚可惜也。余嘗謂人身係精神與肉體二者合成，鍛鍊方法，自應本身心合一，二者兼施之旨，方能有效，俾合於近代體育上之修養，使人人得完成其人格。前在北平創辦體育學校曾採為教材，尋復次其淺深，窺其用意，編為教程，用授學子。習者稱便，均謂此術不惟修養身心，且所具各式可為各派拳術之基本練習，習國術者首先習此，以為基礎，無論再習何種門類，均易進步。方令中央提倡體育，教育部特設體育補習班於首都，召集全國體育專家研習其中，以事宣傳，而廣國術之推行，余不揣鄙陋，將所編之《少林十二式》列為國術初級課程，並貢獻拙著以為講義，尚望海內賢豪進而教之，則幸甚矣。時為中華二十二年夏敘於首都。

燕北禹生許龗厚敘

【注釋】

①內家祖述武當，外家祖述少林：少林為外家、武當為內家之說，始見於黃梨洲《王征南墓誌銘》：「少林以拳勇名天下，然主於搏人，人亦得以乘之。有所謂內家拳者，以靜制動，犯者應手即撲，故別於少林為外家」。又見《寧波府誌・張松溪傳》：「蓋拳勇之術有二：一為外家，一為內家。外家以少林為

盛，其法主於搏人，而跳踉奮躍，或失之疎，故往往為人所乘。內家則松溪之傳為正，其法主於禦敵，非遭困厄則不發，發則所當必靡，無隙可乘，故內家之術為尤善。」以上將拳術劃分內家與外家的說法，對研究武術史的影響頗深。

唐豪曾在《行健齋隨筆》中指出：「拳派之號稱武當者，曰太極，曰形意，曰八卦，曰無極。武當丹士張三豐者，古時假託而附會為鼻祖者，始則內家拳，其言出黃梨洲《王征南墓誌銘》，繼則太極拳，其言出有清末葉『太極拳拳譜』。至民國，八卦、形意、無極始競附焉，且多標榜為內家。張三豐一夢而精技擊之說，尊而信之者，其常識可謂幼稚之至。至於標榜為內家，則術未深考彼此練法與打法不同。或以為太極、形意等拳，其用內功，皆相貫通，遂皆稱之曰內家。夫內家拳之用勁，問黃梨洲父子所未言，即與此諸拳同矣，若練法、打法不同，亦不得混為一物。」

而孫祿堂《形意拳學》自序中言「形意拳創自達摩祖師」，薛顛《形意拳講義》言「形意拳乃岳忠武王所創」。他們都不認為形意拳是張三豐創始的。

蔡龍雲在《論武術的內家與外家》一文中指出：「將一些自稱為內家拳專家的文章歸納起來有三。其一，『以靜制動』『後發制人』的拳術為內家；『主於搏人』『先發制人』的拳術為外家。其二，『以柔克剛』，主柔的拳術為內家；主剛的拳術為外家。其三，講究『內功』，善於調理內在的氣息運行的拳術為內家；主於鍛鍊外在的形體素質的拳術為外家。」然後蔡龍雲對上文歸納逐條進行分析批評，認為「這種理論似乎不是那麼十分站得住腳」「實踐是檢驗真理的標準，古人和賢者所說的一切，恐怕有些也不完全符合客觀實際的，在武術內家與外家之別的說法上，他們就難免不帶有片面性和偏限性了」。

②《內經》導引：導引是中國古代的一種強身健體、祛病療疾的養生方法。《黃帝內經》中的有關導引法原理，主要歸納為：積精全神，合練精、氣、神三寶；辨列星辰，和合春、夏、秋、冬四時；動靜結合，整體鍛鍊；辨證導引，雜合而治。這些原理，在指導養生和導引科學研究上仍發揮很大作用。秦漢時期，醫學的進步直接帶動了導引術的發展。當時醫者對人體各器官的結構和功

能就已經有了大體的瞭解，這一時期醫學著作《黃帝內經》中就有「諸筋者，皆屬於節」「胸腹者，臟腑之郭也」的說法。《黃帝內經》總結導引療法的適應證有「痿、厥、寒、熱」和「息積」，還提到以湯藥、導引配合可治療筋病。

一九七四年，湖南長沙馬王堆三號漢墓出土的帛畫《導引圖》，乃是瞭解漢代導引術發展的極其珍貴的資料。《導引圖》中有四十四個彩繪的各種人物做各類導引的形象圖。每個圖均為一獨立的導引術式，圖側有簡單的文字標出名目。

這幅《導引圖》充分反映了當時導引術式的多樣性。從導引的功能方面看，既有用於治病的，也有用於健身的。從肢體運動的形式看，既有立式導引，也有步式和坐式導引；既有徒手的導引，也有使用器物的導引；既有配合呼吸運動的導引，也有純屬肢體運動的導引。此外，還有大量模仿動物姿態的導引。當今體操中的一些基本動作，在《導引圖》中大抵也能見到，也可以說這是迄今所發現的最早最完整的古代體操圖樣。

導引術如《八段錦》影響較大，廣受民眾喜愛。

③華佗五禽：即華佗五禽經，又稱華佗五禽戲，是由東漢末年著名醫家華佗根據中醫陰陽五行原理，以模仿虎、鹿、熊、猿、鶴五種動物的動作和神態編創的一套導引術。禽，古代泛指動物；戲，在此指特殊的運動方式。

④達摩初祖之《易筋經》：達摩初祖，即菩提達摩，通稱達摩，是大乘佛教中國禪宗的始祖。

《易筋經》，又稱《達摩易筋經》，是少林寺衆僧演練的最早功法之一。習練此功，可以使人體的神、體、氣三者緊密地結合起來，使五臟六腑及十二經脈得到充分的調理，有平衡陰陽、舒筋活絡、增強人體各部生理功能的作用，從而達到健體、禦邪祛病、抵禦早衰、延年益壽之目的。

按：許禹生在《少林十二式》敘中所提到的少林、達摩，以及少林外家、武當內家等，反映了當時武術界人士對武術史的基本認知，有其時代的侷限性。

少林十二式

緒言

世之習拳術者，多宗少林，而少林之傳，始自達摩五祖，蓋於五代之季，來居此寺，見僧徒等雖日從事於明心見性之學，(參禪靜坐以求明悟之類)然類皆精神萎靡，筋肉衰弱，每値說法入坐，卽覺昏鈍不振，殆於身心合一，性命雙修之意，尙未徹悟也。乃訓示徒衆曰，『佛法雖外乎軀殼，然未了解此性，終不能先令靈魂與軀殼相離，是欲見性，必先強身，蓋軀殼強而後靈魂易悟也。(雖係宗敎家言，然與今世體育家所主張身心合一，精神與肉體同一鍛鍊之說吻合，)果皆如衆生之志靡神昏，一入蒲團，睡魔卽侵，則見性之功，俟諸何日，吾今爲諸生先立一強身術，每日晨光熹微，同起而習之，必當日進而有功也，』乃爲徒衆立一練習法，其前後左右，不過十八勢而已名十八羅漢手，(見少林拳術秘訣)後人變化增添，以作技藝，曰少林派。又嘗觀達摩大師傳岳武穆之內壯易筋經，少林寺僧多傳習之，經分上下兩卷，有內外功之別，內功主靜，鍊氣爲主，外功主動，鍊力爲主，內功程序，

計分五步。(一)首積氣腹中，以爲基礎。(二)次鍛鍊前身胸肋各部，兩骨筋膜，(膜爲包骨白色筋膜今名曰腱)使氣充盈胸腹兩脅，(三)鍛鍊腰背脊骨筋膜，使氣盈脊背。(四)上體氣旣用徧，深曆筋膜騰起，乃導行四肢，(先上肢後下肢，其鍛鍊各法，均載原經，茲不贅述)。(五)內壯已成，方行外壯以增勇力，下卷十二勢，蓋鍛鍊外壯者也，與少林拳術之十八羅漢手大半相同，疑出一源，且十二式爲原本所無，始少林寺僧好事者增入之耳，故仍名爲少林十二式，今以其原有圖勢爲主，而參以羅漢手中運動之意，兼採拳術之各種樁步，本體操敎練之法，每式編作法數節，由淺入深，由簡而繁，視各式可合作者，則爲連續之，以便敎練，幷爲體察運動部分，主要骨骼筋肉，分注於下，以明運動生理，就原有歌訣，闡明其義，以喚起學者之注意，復本其姿勢動作，以求應用之所在，用作習拳術者之初步云。

凡習此功者，應先排步直立，呼濁吸淸，擰腰鼓肘，(此乃足肘叩膝也)凝神靜氣，端正姿勢，然後行之，行時務使動作與呼吸相應，久之則氣力增長，精神活潑，實爲學拳術者成始成終之工夫，幸勿以其簡易而忽之也。

敎練此法宜先依體操口令，令學生立正，次察看地勢，令全隊分作若干排，

如分前後兩排，則於呼一二報名數後，發前行向前幾步走之口令，次發單數或雙數向前幾步走之口令，總以行列疏鬆，手足動作互無妨礙爲度，如敎練直立勢，則立定後須呼脚尖靠攏之口令，然後動作。

此十二勢，直立勢居半，前數勢每勢祇一動作，依體操規例可連續爲之而成一段，以便敎練，若單練一式時，則可先呼出式名，末字改呼數字，隨其動作而施口令。

第一式　屈臂平托式

(原名韋駝獻杵第一式、取兩手當胸、平托一物、獻獻於人之意、亦名環拱式、又名上獎式、則因形態命名也。)

(原文)　立身期正直，環拱手當胸，氣定神皆歛，心澄貌亦恭。

(解曰)　此爲直立式之一，作此式時，須氣沉丹田，精神內歛，心澄志一，貌自恭敬，乃正身直立，作立正式，不屈兩臂，掌心向上，自脇下循脇徐徐上托，至胸前停頓，雙腕平直，曲肱內向，環拱胸前，故曰環拱手當胸也，本此義編作法四節如後。

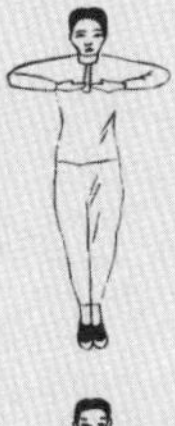
屈臂平托

兩手下按

(作法)

第一節　二動。(一)屈臂平托。(二)兩手下按。

(一)由預備式兩臂平屈，兩肘上提，使與肩平，同時兩手作掌，掌心向上，由兩脇下，(軟脇處)順脇上托，指尖相對，經胸骨前至兩乳上停頓，指尖相對，兩眼平視，同時足踵提起。(二)兩掌翻轉向下，至胸窩處，分順兩脇下按，至胯傍停止，還原預備式。

第二節　四動。(一)屈臂平托。(二)橫掌前推。(三)屈臂平托。(四)兩手下按。

(一)屈臂，托與第一節(一)動同。(二)兩手翻轉向前(掌橫指對手心向前)伸臂平前推，(腕骨與肩水平) (三)兩臂收回。復(一)之姿勢。(四)兩手下按與第二節(二)動同。

第三節　四動。(一)兩臂平屈。(二)兩臂平分。(三)屈臂平托。(四)兩手下按。

(一)由預備式兩肘上提與肩水平，同時平屈兩臂，掌心向下，指尖相對，經胸骨前，去兩乳上停頓。(二)由上動作兩臂上膊骨不動，前膊骨順水平度分向左右平開，至成一直線爲度。(三)上膊骨不動，兩臂下屈，兩掌經胸骨前上托，平兩乳上停頓如第一節(一)動姿勢同。(四)兩手下按，與第一節(二)動同。

第四節　六動。(一)兩臂平屈。(二)兩臂平分。(三)屈臂平托。(四)橫掌前推。(五)屈臂平托。(六)兩手下按。

(一)兩臂平屈，與第三節(一)動同。(二)兩臂平分，與第三節(二)動同。
(三)兩臂平托，與第三節(三)動同。(四)橫掌前推，與第二節(二)動同。
(五)兩臂屈回。復(三)之姿勢。(六)兩手下按。與第一節(二)動同。

(運動部分)　此式爲上肢運動，及肩臂運動也，主要部分，爲肩胛骨、尺骨、橈骨及所屬筋肉，屈前臂時，爲肘關節之屈曲，主動筋肉，爲二頭膊橈骨筋、內膊筋，平托時手掌外旋，則橈尺骨關節之後迴運動也，主動筋肉，爲後迴筋、膊橈骨筋，翻掌前推時，則橈尺骨關節之前迴運動也，主動筋肉，爲迴前方筋，迴前圓筋。

(注意及矯正)　本式運動，曲臂平托時，宜鬆肩勿聳，橫掌前推時，兩臂宜伸直勿屈，肩肘腕三者水平，想其力由肩，而肘，而腕，以意導之，使達於指尖爲度，兩手手指相對，掌心向前吐力，兩臂平分時，臂宜伸直與肩水平，眼平視，頸項挺直，下顎骨內收，氣沉丹田，(即小腹)精神專注，以心意作用，運動肢體，故動作時，務宜徐緩，勿僅視爲機械的運動也。

(治療)　此式可以矯正頸項前探，脊柱不正及上氣，(呼吸粗迫)精神不振等症，並可擴張胸部，堅凝意志。

(應用)　本式橈尺骨運動，可練習太極拳之擠勁，腕之翻轉，可藉以練習擒拿法之提腕，滾腕，盤肘等作用，例如人以兩手分握吾之雙腕，吾即用本式第二節作法，順其下擒之力，猛翻兩掌，向敵胸前推卽解矣。

各節教練口令

第一節　屈臂平托數　一、二、
第二節　屈臂平托前推數　一、二、三、四、
第三節　兩臂平屈分托數　一、二、三、四、
第四節　屈臂分托前推數　一、二、三、四、五、六、

第二式　兩手左右平托式（原名掌托天門第二式，取兩臂自左右平舉，兩掌平托一物，聳起於人之意）

(原文)　足趾掛地，兩手平開，心平氣靜，目瞪口呆。

(解曰)　作此式時，須先意氣和平，心無妄念，呼吸調靜，乃運動兩臂，徐徐自左右上托，(掌心向上)以腕與肩平爲度，足踵隨之提起，兩眼平視，閉口使呼吸之氣，由鼻孔出入，今本此義，編作法五節如後。

右平托式

兩臂還原

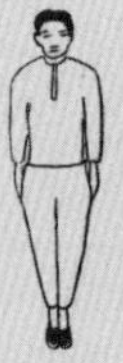

(作法)

第一節　二動。(一)兩臂左右平托。(二)兩臂還原。

(一)由立正式兩臂自左右向上平舉，俾與肩平，或較肩略高，掌心向上

，同時兩踵隨之提起。(二)掌心下轉，兩臂徐徐下落，還原立正式。

第二節　三動。(一)兩臂前舉平托。(二)兩臂左右平分。(三)兩臂下落。

(一)由立正式兩足尖囊攏，兩臂垂直　由下用力向前平舉，與肩水平，掌心向上，若托物然，同時兩踵隨之提起。(二)兩臂分向左右平開，至一直線，如本式第一節(二)動之姿勢。(三)兩臂下落。還原立正式。

第三節　三動。(一)屈膝兩臂前舉平托。(二)直膝兩臂平開，(三)兩臂下落。

此節乃兼下肢運動之聯續動作也，於伸臂前托時，同時兩膝前屈，餘均同前。

(一)兩臂自下向前平舉，掌心向上，同時兩膝前屈，膝蓋黨攏，足踵不可離地。(二)兩臂分向左右平開，同時兩膝直立，足踵提起。(三)兩臂徐徐下落，足踵亦隨之落地。

第四節　四動。(一)透步交叉。(二)兩臂平托。(三)兩臂還原。(四)併步立正。

(一)左足移至右足踵後方，作透步交叉式。(二)兩臂自左右向上平托，兩踵

提起，(三)兩臂兩踵還原。(四)左足併步還原立正。(一)(二)(三)(四)與(一)(二)(三)(四)式同，惟右足作透步式。

第五節　四動。(一)透步前舉。(二)兩臂平分。(三)兩臂平落。(四)併步立正。

(一)左足移至右足踵後方作透步式，同時兩臂自下向前上平托。(二)兩臂分向左右平開。(三)兩臂下落，兩踵還原。(四)左足併步還原立正。(一)(二)(三)(四)與(一)(二)(三)(四)式同，惟右足作透步式。

(運動部分)　此式為上肢與下肢運動也，運動主要部分，為旋肩胛骨之前後軸，及尺骨肘頭骨，其主要筋肉，左右平托起落時，為三角筋，棘上筋、撓骨筋、小圓筋，平開時兼大胸筋之運動，前舉平托時，為旋肩胛關節之運動，主要筋肉，更有二頭胸筋，及烏嘴轉筋，足踵提起時，卽以足支持體重，放下時使足踵關節伸展也，其主要筋肉，為後脛骨筋、比目魚筋、長足蹠筋、腓腸筋等。

(注意及矯正)　作此式時，兩臂平直，身勿欹，側脊骨中正，以頭項領起全身，腿部尤須著力，足踵起落時，愼勿牽掣動搖，及猛以足踵頓地，震傷腦

筋，各動作均宜徐徐提起，緩緩而落，以意導力，達於十指，體覺熱氣下貫，方為得益，分托平托時，注意掌心平開時，宜與肩平，鬆肩，臂下落時，宜徐徐下落，如隨地心吸引力，自然下落，則氣達指尖矣。

(治療)　此式舒展胸膈，發育肺量，治胸臆漲滿不寗，及呼吸促迫等症。

(應用)　平開式，練習太極拳之胸靠，前托式之用，如敵出雙手迎面擊來，我蹲身從下用雙手平托其兩肘前送，敵卽迎面倒去，或敵以兩拳作雙風貫耳式，從兩側敵頭部，我則進身以兩手由內分格敵胸部，或臆部從而擊之也。

教練口令

第一節　兩臂左右平托數　一、二、

第二節　兩臂前舉分托數　一、二、三、

第三節　屈膝前舉分托數　一、二、三、

第四節　透步左右平托數　一、二、三、四、二、二、三、四、

第五節　透步前舉分托數　一、二、三、四、二、二、三、四、

第三式　雙手上托式（原名背肘獻杵第三式、取兩手舉物過頂、敬獻於人之意、一名、手托天式、）

(原文)　掌托天門目上觀，足尖著地立身端，力周骸脅渾如植，咬緊牙關不

放寬，舌可生津將腭抵，鼻能調息覺安全，兩拳緩緩收回處，用力還將挾重看。

(解曰)　此亦為直立式，直身而立，足尖著地，兩臂由左右高舉，兩手反轉上托，掌心向上，若托物然，及托至頂上，兩臂伸舒，兩手指尖相對，目上視，閉口舌抵上腭，氣從鼻孔出入，呼吸調勻，足踵提起，力由腿部而上，周於兩脇，復運腕力順兩臂貫注掌心，達於指端，始緩緩落下，還立正式，原文收回時作掌此仍作掌本此義編作法四節如後。

雙手上托式

兩臂還原

作法

第一節　二動。(一)兩臂高舉。(二)兩臂下落。

(一)由立正式，兩臂由左右向上高舉至頭上，兩手上托，掌心向上，十指相對，目上視，同時兩踵提起。(二)兩臂下落，還原立正式，足踵亦隨之下落。

第二節　四動。(一)屈臂平托。(二)兩臂平分。(三)兩臂高舉。(四)兩臂下落。

(一)屈臂平托，與第一式第一節(一)動同。(二)兩臂平分，與第一式第三節(二)動同。(三)兩臂高舉，與本式第一節(一)動同。(四)兩臂下落，還原立正式。

第三節　四動。(一)前舉平托。(二)兩臂平分。(三)兩臂高舉。(四)兩臂下按。

(一)兩臂前舉平托。與第二式第二節(一)動同。(二)兩臂平分。與第一式第二節(二)動同。(三)兩臂高舉，與本式第一節(一)動同。(四)兩臂下按，與第一式第一節(二)動同。

第四節　四動。(一)交叉屈臂。(二)兩臂平分。(三)兩臂高舉。(四)兩臂下按。

(一)由立正式，右足外撤。左足移至右足後方，足尖與右足尖相對，兩足踵與兩足尖均在一直線上，兩膝微屈，作交叉步，同時兩臂平屈。(二)兩臂平分。(三)兩臂高舉。(四)兩臂下落，同時左足還原立正式。(一)(二)(三)(四)與(一)(二)(三)(四)式同，惟右足行之。

(運動部分)　此式爲全身運動，其注意之點，爲肩腕及足脛，兩臂上托時，運動肩胛關節及肩胛帶，主動筋肉，爲前大鋸筋，僧帽筋，三角筋，棘上筋等，下落時，主動筋肉，爲棘上筋，十圓筋，大胸筋等。

(注意及矯正)　兩臂高舉時，兩臂伸直勿屈，掌心向上，用力上托，目上視，兩肩鬆勿上聳，提踵時，力由尾閭骨循脊骨上升，達於頂上，下按時。氣沉丹田，行之日久，則身體自強矣。

(治療)　調理三焦，及消化系諸疾，如吞酸、吐酸、胃脘停滯、中氣不舒、腸胃不化等疾。

(應用)　增加舉物之力，可以練習太極拳中白鶴晾翅式，提手上式。

敎練口令

第一節　雙手上托數一、二、

第二節　屈臂平分上托數　一、二、三、四、

第三節　前舉平分上托下按數　一、二、三、四、

第四節　交叉屈臂平分上托數　一、二、三、四、二、二、三、四、

第四式　單臂上托式（原名摘星換斗式，一名朝天直舉，又名指天踏地，即八段錦中之單舉式也，一手朝上托，若摘星斗，兩手互換爲之，故名。）

(原文)　隻手托天掌覆頭，更從掌內注雙眸，鼻端吸氣頻調息，用力收回左右侔。

(解曰)　此亦爲直立式，上肢之運動也，以隻手作掌，由側面向上高舉，掌心向上托，覆於頂上，目上視，鼻端吸氣，臂下落時，氣向外呼，左右互換，今本此義，編作法五節如後。

左臂上托

右臂上托

第一節　四動。(一)左臂上托右臂後屈。(二)兩臂還原。(三)右臂上托左臂後屈。(四)兩臂還原。

(一)由立正式，左臂自左側向上高舉上托，掌心向上，指尖向右，頭仰視手背，上體隨之半面向左轉，同時右臂後迴，屈肱橫置腰間，掌心向外，以手背附於左臂，支柱上體後仰之力。(二)兩臂放下，還原立正式。(三)右臂自右側向上高舉，左臂後迴，上體半面向右轉，與第(一)動同。(四)兩臂放下，還原立正式。

第二節　二動。(一)左臂上托，右臂後屈。(二)右臂上托，左臂後屈。

停動　兩臂放下。

(一)左臂自左側高舉上托，同時右臂後屈。(二)右臂自右側高舉上托，同時左臂後屈，左右互換，連續爲之。(還原)。兩臂放下，還原立放式。

第三節　左右各四動。(一)左臂平托，右臂後屈。(二)左臂平分。(三)左臂上托。(四)兩臂放下。

(一)左臂自下向上屈臂平托，至胸骨前爲止，掌心向上，同時右臂後迴，屈肱橫置腰間。(二)右臂不動，左臂自胸前向左平分與肩平爲止，目視左手。

(三)左式上托，與本式第一節（一）動同。(四)兩臂下落還原立正式。(一)(二)(三)(四)與(一)(二)(三)(四)同，惟右臂行之。

第四節　左右各五動。(一)左臂平托，右臂後屈。(二)左臂平分。(三)左臂上托。(四)左臂下按，上體前屈。(五)上體還原。

(一)與本式第三節(一)動同。(二)與第三節(二)動同。(三)與第三節(三)動同。(四)左臂下落，掌心向下，經面前、沿右肩、經胯傍、循腿下按，以掌心按地爲止。同時上體向左前方深屈。(五)上體直立，左掌經過足趾前收回，兩臂垂直，還原立正式。(一)(二)(三)(四)(五)與(一)(二)(三)(四)(五)同，惟右臂行之。

第五節　左右各四動。(一)透左步左臂平托，右臂後屈。(二)左臂平分。(三)上體左後轉，左臂上托。(四)兩臂還原。

(一)左足移至右足跟後方，作透步式，同時左臂平托，右臂後屈。(二)左足不動，左臂平分。(三)上體左後轉，兩足叢攏，同時左臂隨上體後轉高舉上托。(四)兩臂落下。(一)右足移至左足跟後方，作透步式，同時右臂平托，左臂後屈。(二)右足不動，右臂平分。(三)上體右後轉，兩足叢攏，同時右

臂隨上體後轉，高舉上托。(四)兩臂落下。

(運動部分)　此式爲上肢、頭部、腰部、及下肢之運動也，臂上托時，爲肩胛關節及肩胛帶之運動，主要筋肉，爲前大鋸筋、僧帽筋、三角筋、棘上筋，臂後屈爲肘關節之運動，主動筋肉爲二頭膊筋、膊橈骨筋、內膊筋，頭後屈，目上視，爲頭關節前後軸，及橫軸之運動，主要筋肉，爲後大小直頭筋、上斜頭筋、頭夾板筋、頭長筋、頭半棘筋，上體側轉，爲腰部筋肉運動，凡斷裂筋、旋背筋、及其他腹筋，均受其影響，上體前屈，脊柱前屈也，腰椎部所屈最多，小腰筋、直腹筋、腸腰筋，均爲其主要筋肉，透步交叉，均爲運動下肢筋肉，由此觀之，此單臂運動，倘運動得宜，則十二節運動，可以普及，較體操之雙臂齊出之動作，至爲有效也。

(注意及矯正)　屈臂平托時，目宜視前方，臂平分時，目宜隨之旋轉，上托時則仰首注視拳背，臂下落則還原正視，上體左右旋轉，兩腿仍直立勿動，臂後屈手宜支柱腰臂，其手背貼附之力，須與上托之臂相應，步交叉時，上體宜直立勿前傾。

(治療)　調理脾胃及腰臂諸疾。

(應用)　練習拳術中領托諸勁，轉身透步各法，爲靈活肩腰及下肢，使之有屈伸力。

教練口令

第一節　單臂上托數　一、二、三、四、

第二節　單臂互換上托數　一、二、

第三節　單臂平分上托數　一、二、三、四、二、二、三、四、

第四節　單臂平分上托下按數　一、二、三、四、五、二、二、三、四、

第五節　透步轉身上托數　一、二、三、四、二、二、三、四、

第五節　雙推手式（原名出爪亮翅式，兩手作掌前推，如鳥之出爪，由後運臂向左右分展，如鳥之亮翅也。乃合十八手中之排山運掌，及黑虎伸腰二式爲一式，而施運動者也，形意中之此形，八卦之雙撞掌，太極拳之如封似閉，岳氏連拳之雙砣式，蓋均取法於此，岳武穆手生以雙推手得名，習少林拳術者，每稱之爲鳥翅，故取以名此式云，五禽經之虎鳥二形，亦與此相近。）

(原文)　挺身衆怒目，推手向當前，用力收回處，功須七次全。

(解曰)　挺者，直也，挺身者，身體挺直之謂也。當前者，向胸前正面也，挺身而立，目前視，兩手作掌，向前雙推，然後用力握拳收回，原文未含亮

翅動作意，今本其意，參以十八手中二三兩式，分節編作法六節如後。

兩手前推式

兩手分推式

作法

第一節　二動。(一)立正抱肘。(二)兩手前推。

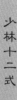

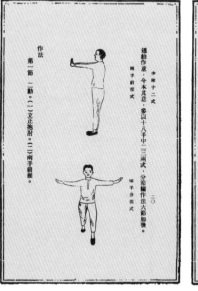

(一)由立正式，兩臂屈，兩手握拳，手心向上，分置兩脇下，作抱肘式，目平視。(二)兩拳變掌，徐徐向前平推與肩齊，手心向前。(三)兩掌上翻，手心向上，握拳屈回，仍還抱肘式。(四)兩手仍向前推，如此反復行之，停動。兩臂放下。還原立正式。

第二節　三動。(一)立正抱肘。(二)開步前推。(一)與本式第一節(一)動同。(二)兩掌向前平推，同時左足前進一步，屈膝作左弓箭步式。(三)兩拳上翻，手心向上，仍握拳，兩臂屈回，還原抱肘式。(四)與(二)動同，惟右足前進。停動。右足收回，兩臂放下。還原立正式。

第三節　四動。(一)立正抱肘。(二)開步蹲身前推。(三)還原抱肘。(四)兩臂放下。

(一)與本式第一節(一)動同。(二)兩掌向前平推，同時左足側出一步，屈膝作騎馬式，上體仍直立勿動。(三)兩臂屈回，兩膝伸直，右足靠攏，還原抱肘式。(四)兩臂放下。(一)(二)(三)(四)與(一)(二)(三)(四)式同，惟右足側出。

第四節　四動。(一)開步抱肘。(二)轉身推掌。(三)還原抱肘。(四)併步立正。

(一)屈臂作抱肘式，同時右足側出一步。(二)上體向左轉，屈左膝作左弓箭步，同時兩掌向前平推，作轉身推掌式。(三)兩臂屈回。上體向右轉，還原開步抱肘式。(四)左足收回靠攏，兩臂放下，還原立正式。(一)(二)(三)(四)與(一)(二)(三)(四)式同，惟右足側出，兩掌前推耳。

第五節　四動。(一)立正抱肘。(二)開步前推。(三)探身分推。(四)還原立正。

(一)與本式第一節(一)動同。(二)開步前推，與本式第二節(二)動同。(三)上體微向前探。同時兩掌分向左右平推與肩平，手指向上，掌心吐力。(四)兩臂放下，左腿亦收回還原立正式。(一)(二)(三)(四)與(一)(二)(三)(四)同，惟右足前進耳。

(運動部分)　此式爲上肢、下肢等運動，前推時，主要筋肉，爲二頭膊筋、鳥嘴膊筋，分推時，爲三角筋、棘上筋、橈骨筋、及大胸筋、足前進屈膝。主要筋肉，爲半膜樣筋、半腱樣筋、二頭股筋、薄骨筋、縫匠筋等。

(注意及矯正)　前推時，手腕宜與肩平，手指挺直勿屈，分推時，臂宜伸直

，掌心吐力，上體前探，不宜過屈，膝前屈時，後足足踵不可離地。

(治療)　此式分推時，可舒展胸膈，發育肺量，治胸臆漲滿等症。

(應用)　可以練習八卦拳中之雙撞掌，太極拳之如封似閉，岳氏連拳之掌舵式等。

教練口令

第一節　兩掌前推數　一、二、

第二節　進步前推數　一、二、

第三節　蹲身前推數　一、二、三、四、二、二、三、四、

第四節　開步左右推掌數　一、二、三、四、二、二、三、四、

第五節　進步分推數　一、二、三、四、二、二、三、四、

第六式　膝臂左右屈伸式原名倒拽九牛尾式、取週身用力後拽狀，若執牛尾者然、一名週身掌式、

(原文)　兩腿後伸前屈，小腹運氣空鬆，用力在於兩脇，觀拳須注雙瞳。

(解曰)　由立正式，兩足分開，右(左)腿屈膝，左(右)腿伸直，作蹬弓式樁步，同時右(左)臂亦向右(左)側方伸出，仰手攏五指作猴拳，肱略屈，左(右)臂背手，向左(右)後伸，仰手攏五指作猴拳，臂膊用力，氣沉丹田，兩

眼注視前拳，本此義編作法三節如後。

兩臂側舉

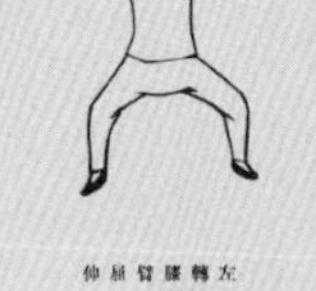

左轉膝臂屈伸

作法

第一節　四動。(一)開步兩臂側舉。(二)兩臂前後屈伸。(三)還原側舉。(四)兩臂前後屈伸。

（一）由立正式，左足側出一步，兩膝屈作騎馬式樁步，同時兩臂左右側舉，伸與肩平，兩手作掌，掌心向下，目前視。（二）左足尖扭轉外移，左膝前弓，右足尖內扣，右腿伸直，作左弓箭步樁，同時上體向左轉，左臂屈肱，肘彎處應成鈍角，左掌五指撮攏作鉤形，屈腕向上，掌指均對鼻端，右臂微下垂，彎轉身後，右掌亦作鉤形，背手向上，目視左手。（三）兩膝仍屈，還原騎馬式，同時兩臂伸直。復（一）之姿勢。（四）上體右轉，右膝前屈，左腿伸直，右臂屈肱，左臂在後伸直，兩掌作鉤形，目視右手。（還原）兩臂放下，兩足併齊，還原立正。

第二節　二動。（一）左轉膝臂屈伸。（二）右轉膝臂屈伸。

（一）由立正式，上體左轉，左足側出一步，屈膝前弓，右腿在後伸直，左臂側舉，屈肱向上，右臂後伸，兩手作鉤，與本式第一節（二）動同。（二）右臂自右下方旋至上方，屈肱作鉤，同時身向右轉，兩足隨之右轉，成右弓箭步，左臂下轉作鉤，目視右手。（還原）與第一節同。

第三節　三動。（一）左轉膝臂屈伸。（二）護肩掌。（三）開步推掌。

（一）與本式第二節（一）動同。（二）左足收回半步，足尖點地，貼右足踵側，

右膝亦屈，作左丁虛步樁，同時左臂屈回，左鉤變掌，置於右肩前，作護肩掌式。（三）左腿復前進半步，左膝還原左弓箭步樁，同時左掌向前推出與肩平，坐腕立掌，五指向上，右手仍在後作鉤形。（二）與本式第二節（二）動同。（二）右足收回，作右丁虛步，右臂屈回，右鉤變掌，置於左肩前，作護肩掌式。（三）右腿前進，仍還原右弓箭步，右掌向前平推，作開步推掌式。

（還原）　同上。

（運動部分）　此式亦上肢及下肢運動也，兩臂側舉，其主要部分，為旋肩胛關節，屈肘為肘頭關節，側舉時，主要筋肉，為三角筋，棘上筋、橈骨筋、小圓筋、屈肘時為二頭膊橈骨筋、內膊筋、手腕屈伸、其主要筋肉、為內橈骨筋、內尺骨筋、淺屈指筋等。

（主意及矯正）　兩臂側舉，宜與肩平，兩肩勿聳起，上體宜直立，足側出作騎馬步時，兩足尖均應向同一的方向，作弓箭步時，踏出之腿，儘力屈膝，但不可過足尖，後腿儘力伸直，足踵不可離地。

（治療）　可以療治腿臂屈伸不靈活諸病。

（應用）　可以練習拳術之騎馬式，弓箭步等樁步。

敎練口令

第一節　膝臂屈伸數　一、二、三、四、二、二、三、四、

第二節　膝臂屈伸互換數　一、二、三、四、二、二、三、四、

第三節　膝臂屈伸護肩數　一、二、三、四、二、二、三、四、

第七式　屈臂抱顎式（一名九鬼拔馬刀式，蓋因馬刀甚長，非自背後拔刀，不能出鞘，此乃倣其形式而爲動作者，又此術引術之體驗，頭向左右顧視如鬼也。）

（原文）　側身彎肱，抱項及頸，自頭收回，弗嫌力猛，左右相輪，身直氣靜。

（解曰）　此亦爲直立姿勢，側身而立，頭向左右顧視，左（右）臂自頭側方高舉，向對方屈肱，以左（右）手搬抱下顎骨，同時右（左）臂屈肱後迴，橫置腰間，下肢直立勿動，呼吸調勻，心定氣靜，左右互換爲之，今本此意，編作法三節如後。

作法

第一節　四動。（一）兩臂平舉。（二）屈左臂抱顎，右臂後迴。（三）原還平舉。（四）屈右臂抱顎，左臂後迴。

兩臂平舉

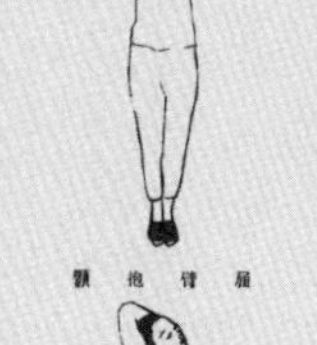

屈臂抱顎

（一）由立正式，兩臂自左右向上平舉，與肩水平，掌心向下。（二）頭向右顧，頸向左屈。左臂向對方屈肘於頭後，以左手手指搬抱下顎骨，同時右臂屈肘後迴，橫置腰間，掌心向外，下肢均直立勿動。（三）兩臂還原側舉，頭亦

直立。(四)頭向左顧，頸向右屈，右臂高舉，向對方屈肘於頭後，以右手手指搬抱下顎骨，同時左臂屈肘後迴，橫置腰間，掌心向外，如此左右互換爲之。

(還原)　兩臂放下，還原立正，頭恢復直立。

第二節　二動。(一)屈左臂抱顎。(二)屈右臂抱顎。

(一)由立正式，頭向右顧，頸向左屈，左臂高舉，向對方屈肘，以左手搬抱下顎骨，同時右臂屈肘後迴，與本式第一節(二)動同。(二)頭向右顧，頸向左屈，右臂高舉，向對方屈肘，以右手搬抱下顎骨，同時左臂下落，屈肘後迴，與本式第一節(四)動同，如此左右互換爲之。　(還原)同第一節。

第三節　二動。(一)右臂側舉，上體向左屈。(二)左臂側舉，上體向右屈。

(一)由立正式，上體向左屈，右臂自側方向上高舉于頭上，微向左屈，右手小指、無名指、與拇指攏合一處，其餘二指伸直，隨身向左下方指，同時左臂屈肘後迴，橫置腰間，眼下視左足踵。(二)上體向右屈，左臂自下高舉於頭側，微向右屈，右手小指、無名指、與拇指攏合一處，其餘二指隨身向右下側指，同時右臂屈肘後迴，橫置腰間，眼下視右足踵，如此左右互換爲之。

(還原)　仝上

(運動部分)　此式爲頭部、上肢、及腰部運動，頭側屈。爲頭關節前後軸及橫軸之運動，主要筋肉，爲大後直頭筋、小後直頭筋、上斜筋、夾板筋、頭長筋、頭半棘筋等，臂側舉時，其主要筋，爲三角筋、棘上筋、棲骨筋、小圓筋、臂上舉屈肘時，爲肩胛關節，及肘關節之運動，主要筋肉，爲前大鋸筋、僧帽筋、二頭膊筋、膊橈骨筋、內膊骨筋等，上體向左右屈，爲脊柱側屈，兩傍筋肉，交互動作，主要筋肉，爲薦骨脊柱筋、橫棘筋、方形腰筋、外斜腹筋等。

(注意及矯正)　頭側屈時，勿前俯後仰，顎勿前突，肩勿上聳，側身時，以脊椎爲樞紐，左右轉動爲之，上身挺直，腰側屈時，下肢植立勿動。

(治療)　矯正頸項前探，及脊柱不正等癖，并療治頭目不清，(腦充血)頸項痠酸，脊背疼痛諸病。

(應用)　練習貼身背靠，及刀術之纏頭，拳術中之進身鑽打等。

教練口令

第一節　屈臂抱顎數　一、二、三、四、

第二節　屈臂抱顎互換數　一、二、

第三節　上體向左右屈數　一、二、

第八式　掌膝起落式（一名三盤落地式、取肩肘膝三部均圓滿如環之意、）

(原文)　上顎堅撑舌，張眸意注牙，足開蹲似踞，手按猛如拏，兩掌翻齊起，千觔重有加，瞪睛兼閉口，起立足無斜。

(解曰)　兩腿下蹲，足尖落地，作騎乘式之八字樁，兩臂垂張，如鳥之兩翼，手掌分按兩膝上，(掌心約離膝三四寸)復挺身起立，屈臂用力，翻轉兩掌上托，(掌心向上)掌鋒貼置兩肋下(屈肘尖向後)足尖勿動，閉口舌抵上齶，日向前平視，本此義編作法二節如後。

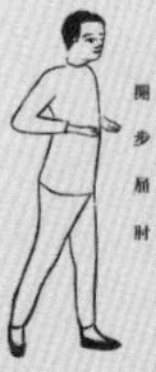

開步屈肘

屈膝下按

(作法)

第一節　二動。(一)開步屈肘。(二)屈膝下按。

(一)由立正式，左足向左踏出一步，兩足尖外撇，成八字形，同時兩臂屈於兩肋傍，兩手作掌，掌心向上。(二)兩踵提起，兩膝半屈，同時兩臂下伸伸直，手腕下轉，掌向心下，十指伸直，作屈膝下按式，眼平視前方。(一)兩膝伸直，兩踵落地，(習熟後不落)兩臂屈回，還原開步屈肘式，(二)再舉踵屈膝下按，如此反復行之，(還原)(一)兩膝伸直，兩踵落下，兩臂屈回，還原開步屈肘。(二)左足靠攏，兩臂放下，還原立正式。

第二節　四動。(一)開步屈肘。(二)兩膝深屈，兩臂下伸。(三)兩臂上舉，體向後屈。(四)兩臂放下，還原立正。

(一)開步屈肘，與本式第一節(一)動同。(二)兩踵舉起，兩膝深屈，同時舒展兩臂，由兩肋傍經小腹，腿襠前，坐身兩臂向下伸直，手腕下轉，掌心向內，上體仍直立勿動，眼平視。(三)兩臂向上高舉，俟舉上時，上體微向後屈，同時兩手折腕向後，此時兩膝仍屈，兩臂仍舉勿落。(四)兩臂由左右下落，上體還原直立，兩腿伸直，兩踵落地，左足靠攏，還原立正式，如此反復行之。

（運動部分）　此式爲全身運動，屈肘時，爲肘關節之運動，主動筋肉，爲小圓筋、棘下筋、三角筋等，兩手下按，主動筋肉，爲小肘筋，三頭膊筋，兩臂上舉，爲肩胛關節，及肩胛帶之運動，主動筋肉，爲二頭膊筋、棘上筋、三角筋、大胸筋、上體後屈，爲脊柱後屈，主動筋肉，爲薦骨脊柱筋、橫棘筋等，屈膝時爲膝關節運動，主動筋肉，爲半腱樣筋、半膜樣筋、二頭股筋、薄骨筋、縫匠筋、膝伸直時，爲四頭股筋、廣筋膜張筋，足踵起落，爲腓腸筋、比目魚筋、屈蹠筋、長腓骨筋、後屈骨筋、長屈趾筋、短腓骨筋。

（注意及矯正）　第一節作法，身之起落，以兩掌翻轉爲牽動，以雙膝屈伸爲樞紐，向上時頭項虛懸，領起全身下蹲時，尾閭下降，使氣沉丹田，足踵則始終提起，（趾尖著地）愼勿游移牽動　上體雙手隨身起而上翻，降而下按，掌心務極用力，（全身重力寄於掌心）貫注與呼吸相應，（卽起時吸氣降時呼氣）上提時，全脊椎骨直豎，下降時胸骨內含，首項勿向前突出，第二節作法，身體後仰時，兩腿宜仍蹲踞，庶免重點移出身外，致仰倒也。

（治療）　治兩足無力，胸膈不舒，氣不下降諸疾。

（應用）　久練此式，可使人身體輕健，下肢筋肉發達，以强健脛骨，且增膝掌腰脊各部之力，練田徑之跳高跳遠者，尤必習之，第一節練習拳術中上托下按力，第二節作法，後仰時可發展胸肋筋肉，下蹲時，幷練習太極拳中海底針下蹲之力。

敎練下口令

第一節　掌膝起落數　一、二、

第二節　兩臂下伸上舉數　一、二、三、四、

第九式　左右推掌式一名青龍探爪

（原文）　青龍探爪，左從右出，修士效之，掌平氣實，力周肩背，圍收過膝，兩目注平，息調心謐。

（解曰）　此亦爲直立式，係以右臂前伸，右手作掌，由右脇下圈轉向左伸出，掌心平向前推，運肩背力送之，右臂下落收回，須經過雙膝之前，再以左臂向右伸出，掌心平向前推，肩背力送之，然後左臂下落，須經過雙膝之前，兩目平視，呼吸調均，心自安甯，本此義編作法二節如後。

右掌左推

第一節　四動。（一）立正抱肘。（二）右掌左推。（三）還原抱肘。（四）左掌右推。

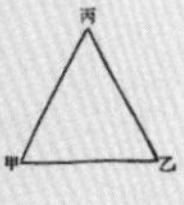

（一）由立正式，兩臂上屈，作抱肘式，與第五式第一動同。（二）上體與頭略向左轉，右臂向左伸，右拳變掌，向左推出，手指向上，掌心向外，高與眉齊，左臂仍屈肘勿動，目視右掌，下肢勿動。（三）左臂屈回，還原抱肘，上體與頭，亦復原狀，（四）上體與頭略向右轉，左臂向右伸，左拳變掌，向右推出，手指向上，掌心向外，高與眉齊，右臂仍屈肘勿動，目視左拳，下肢勿動，如此反復行之。（還原）。自本節數至（四）時。（一）左臂屈回，還原抱肘（二）兩臂放下，還原立正。

第二節　二動。（一）開步穿手。（二）進步放掌。

此式所行之步，爲三角形，設底邊一角爲甲，一角爲乙，兩頂角爲丙，練習此式時，（一）由立正式，左足側出一步，（兩足距離與肩同）所站之地，設爲甲角，則右足之所站地爲乙角，同時左臂自下向上平舉，左手爲掌，掌心向右，同時右臂亦舉起，屈肘舉至左臂傍，右手掌心向內，與左肘接近，手指向上。（二）右腿向前移進一步，所站之地，爲頂角丙，兩膝屈作丁虛步樁，同時右臂順左臂向前穿出伸直，手腕外轉向前推，掌心吐力，但左臂不動，僅可順右肘之勢下沉，萬不可抽回，兩臂垂肩墜肘，立掌坐腕開虎口，兩手食指約對鼻準，兩掌心相印，若抱物然。（三）右足後退一步，仍退至原所站之地，（乙角）兩腿伸直，同時右臂不動，左臂屈肘，移於右臂傍，左手掌心向內，與左肘接近，手指向上。（四）左腿前進一步，所站之地，爲頂角丙，兩膝屈作丁虛步樁，同時左臂順右臂向前穿出一直，手腕外轉向前推，掌心吐力，但右臂不動，僅可順左肘之勢下沉，萬不可抽回，兩臂墜肩垂肘，立掌坐腕開虎口，兩手食指約對鼻準，兩掌心相印，若抱物然。（還原）練至此式（四）時，兩臂放下，左足靠攏，還原立正。

(運動部分) 此式爲頭、腰、上肢、下肢等運動，頭向左右轉時，爲頭關節之運動，主動筋肉，爲後大直頭筋、頭半棘筋、頭長筋、頭夾板筋、下斜頭筋、胸鎖乳頭筋等，上體左右轉時，脊柱回旋也，爲腰部筋肉之運動，主動筋肉，爲斷裂筋、旋背筋、其他腹左筋、亦交互動物，其上肢下肢運動筋肉，均與前同。

(注意及矯正) 頭與上體左右轉時，及左右手推出，仍宜挺直勿動，兩臂推出，宜與肩平，掌心吐力，作第二節換掌，宜鬆肩垂肘。

(治療) 可以矯正上肢，下肢不靈活諸弊。

(應用) 可以練習太極拳中如封似閉，八掛拳中單換掌，岳氏連拳中之雙推手等。

敎練口令

第一節 左右推掌數 一、二、三、四、

第二節 換掌數 一、二、三、四、

第十節 撲地伸腰式 一名餓虎撲食式、

(原文) 兩足分蹲身似傾，伸屈左右腿相更，昂頭胸作探前勢，偃背腰還似

砥平，鼻息調元均出入，指尖著地賴支撐，降龍伏虎神仙事，學得眞形也衛生。

(解曰) 本式係由立正式，右足前進一步，屈膝作右弓箭步椿，同時上體向前屈，以兩手五指著地，兩臂伸直，頭向上抬起，眼平視，然後右足向後撤，與左足相併，兩膝伸直，足尖著地，閉口舌抵上顎，呼吸由鼻孔出入，本此意編作法四節如後。

臥虎撲食式一

臥虎撲食式二

作法

第一節 五動。(一)立正抱肘。(二)進步前推。(三)兩手伏地。(四)立身提手。(五)還原立止。

(一)立正抱肘，與第五式第一節(一)動同，(二)進步前推，與第五式第二節(二)動同。(三)上體向前屈，兩臂亦隨之下伸，以兩手掌伏地爲止，兩臂伸直，頭抬起，眼平視。(四)右腿屈膝，左腿繃直，變成丁字步椿，同時上體徐徐直立，兩臂亦隨上體直立，垂於小腹前，手腕外轉，手心向前，同時握拳如提物然。(五)右腿伸直，左腿收回靠攏，兩手亦垂直腿傍。還原立正式。

第二節 五動。(一)進步前舉。(二)兩手伏地。(三)右腿高舉。(四)還原前舉。(五)還原立正。

(一)由立正式，左腿前進一步，屈膝作左弓箭步，同時兩臂向前平舉與肩平，兩手手掌，掌心相對，指尖向前，眼平視。(二)上體向前屈，兩臂亦隨之下落，以兩手手指著地，頭略抬起。(三)右腿向上高舉，(量力而行)足面繃直，餘式仍舊。(四)右腿落地，上體徐徐直立，兩臂亦隨之舉起，還原進步

前舉式。(五)兩臂放下、左腿收回，還原立止。

第三節 六動。(一)進步伏地。(二)左腿後撤。(三)身向前伸。(四)身向後撤。(五)左腿屈回。(六)還原立正。

(一)由立正式，左腿前進一步，屈膝作左弓箭步，同時兩臂下伸，兩手掌心伏地，與本式第二節(二)動同。(二)左足後撤，與右足併齊，兩腿伸直，兩臂用力挺直，眼平視。(三)上體徐徐向後撤，兩臂屈，上體再向前伸，兩臂亦隨之伸直。(四)兩臂屈，上體徐徐向後撤，臂又隨之伸直。(五)左腿屈回，仍作左弓箭步，與本節(一)動同。(六)上體直立，左腿收回，與右腿併齊，還原立正式。

第四節 六動。(一)進步伏地。(二)左腿後撤。(三)兩臂下屈。(四)兩臂挺直。(五)左腿屈回。(六)還原立正。

(一)進步伏地，與本式第三節(一)動同。(二)左腿後撤，與本式第三節(二)動同。(三)兩臂徐徐向下屈。(四)兩臂再徐徐伸直。(五)左腿屈回，(見上節)(六)還原立正。(見上節)

(運動部分) 此式爲全身運動，屈臂爲肘關節之屈曲，主動筋肉，爲二頭膊

筋、內膊筋，上體前屈，脊柱前屈也，主動筋肉，大腰筋、小腰筋、直腹筋、及他筋肉，屈膝為膝關節之運動，主動筋肉，為腸腰筋、直股筋、縫匠筋、腿向上舉，為髀臼關節之前後軸運動，主動筋肉，為中臀筋、小臀筋、張股鞘筋等。

(注意及矯正)　兩臂前舉，或前推時，宜伸直與肩平，作弓箭步時，踏出之腿，儘力前屈膝，但不可過足尖，後腿儘力伸直，足踵不可離地，腿向上高舉，宜量力而行，足面宜繃直。

(治療)　可以療治腿臂屈伸不靈活諸病。

(應用)　可以增長腿臂屈伸之力量。

教練口令

第一節　摸地提手數　一、二、三、四、五、
第二節　摸地舉腿數　一、二、三、四、五、
第三節　摸地伸腰數　一、二、三、四、五、六、
第四節　摸地屈臂數　一、二、三、四、五、六、

第十一式　抱首躬射式　一名打躬式。

(原文)　兩手齊持腦，垂腰至膝間，頭惟探胯下，口更齧牙關，俺耳聰教塞，調元氣自閑，舌尖還抵腭，力在肘雙彎。

(解曰)　本式由直立式，兩臂翹屈，手抱頸後，兩掌掩耳，（為教練便利起見，可用十指交叉，頸後抱頭。）肘用力後張，上體徐徐前下屈至膝前，然後徐徐起立，閉口舌抵上腭，氣沉丹田，使呼吸有節，氣自鼻孔出入，本此義編作法一節如後。

打躬式

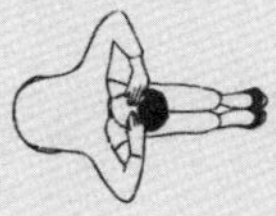

作法

第一節　四動。(一)兩手附頸。(二)上體前屈。(三)上體還原。(四)兩手放下。

(一)由立正式，兩臂上屈於肩上，兩手十指相組，附於頸後，眼平視。(二)上體徐徐前深屈，至胸部接近腿部為止，頭略抬，兩腿仍挺直勿屈。(三)上體徐徐直立，還原(一)之動作。(四)兩手放下還原立正式。

(運動部分)　此式為腰部及肩肘關節運動，兩手附頸，為上臂側面平舉，前臂屈曲前翹，及手腕關節內轉也，主動筋肉為三角筋、棘上筋、小圓筋、棘下筋、迴前方筋、迴前圓筋、外尺骨筋、內尺骨筋等，上體前屈，即脊柱前屈也，腰椎部所屈最多，主動筋肉，為小腰筋、腹直筋、腸腰、等。

(注意及矯正)　練習此式時，所最宜注意者，即上體前屈時，頭宜略為抬起，否則難免腦充血之病，膝蓋亦挺直勿屈，手伏頸時，兩肘宜儘力向後張，為擴張胸部起見，否則胸部受壓迫，于生理大受阻礙。

(治療)　可治腰背諸疾

(應用)　能使腰部靈活，臂部腿部，筋肉伸長。

練習口令

第一節　打躬數　一、二、三、四、

第十二式　伸臂下推式　一名掉尾式，又名鞠躬式。

(原文)　膝直膀伸，推手至地，瞪目昂頭，凝神壹志，起而頓足，二十一次，左右伸肱，以七為主，更作坐功，盤膝垂眦，目注于心，息調于鼻，定靜乃起，厥功維備。

(解曰)　本式由直立式，兩臂左右高舉，手指相組，掌心上翻，上體徐徐向前、左、右、深屈，伸臂下推，以兩手掌著地為止，頭略抬起，然後徐徐起立，如此反復行之，呼吸調勻，心定氣靜，此式為十二式之終，各式連續練畢，為時已久，腿部已勞捲，故安頓以休息之，伸肱者，伸臂也，左右伸舒，以平均其力也，靜坐方法，與怡養精神，頗有關係，運動後能靜片時，以定心志，兼事呼吸，以調和週身血脈，久之則智慧生，身體健，有不期然而然者矣。

掉尾式

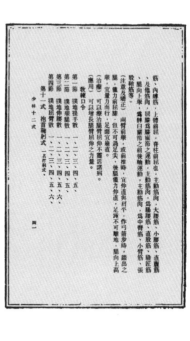

作法

第一節　四動。(一)兩臂高舉。(二)上體前屈。(三)上體直立。(四)兩臂放下。

(一)由立正式，兩臂由左右向上高舉，兩手十指相組，兩掌心翻向上。(二)兩膝弗屈，上體徐徐向下深屈，兩臂亦隨之下落，以兩掌心著地爲止，頭略抬起。(三)上體徐徐直起，兩臂亦隨之舉起，還原(一)之姿勢。(四)兩臂放下，還原立正式。

第二節　六動。(一)兩臂上舉。(二)上體左屈。(三)上體直立。(四)上體右屈。(五)上體直立。(六)兩臂放下。

(一)兩臂高舉，十指相組，掌心上翻。(二)兩膝勿屈，上體向左轉，徐徐向下深屈，兩臂亦隨之下落，至掌心著地爲止，頭略抬起。(三)上體徐徐直立，兩臂隨之舉起，還原(一)之姿勢。(四)兩膝勿屈，上體向右轉，徐徐向下深屈，兩臂亦隨之下落，至掌心著地止。(五)上體徐徐直立，兩臂隨之舉起還原(一)之姿勢。(六)兩臂放下，還原立正式。

(運動部分)　此式爲腰部運動，兩臂高舉時，爲肩胛關節。及肩胛之運動也

，主動筋肉，爲前大鋸筋、僧帽筋、三角筋、棘上筋等、上體前屈，卽脊柱前屈也，腰椎部所屈最多，主動筋肉，爲小腰筋，直腹筋，腸腰筋，上體向左右屈時，爲脊柱側屈，兩傍筋肉，交互動作，主動筋肉，爲薦骨脊柱筋、橫𦁤筋、方形腰筋，外斜筋等。

(注意及矯正)　兩臂由左右舉起時，臂宜挺直用力，至頭上時，卽將兩手十指相組，各以指間抵住手背。兩大臂在兩耳之傍，兩掌上翻，掌心宜吐力，上體前左右屈時。兩腿宜挺直勿屈，頭宜抬起，以免腦充血，兩臂下落，以著地爲宜，但初學時不易，日久卽成。

(治療)　可治腰部諸病。

(應用)　能使腰部靈活，臂部、腿部、筋肉伸長。

敎練口令

第一節　伸臂下推數　一、二、三、四、

第一節　左右伸臂下推數　一、二、三、四、五、六、

中華民國二十三年十月初版

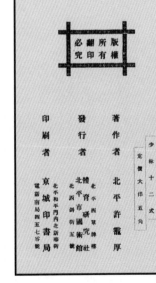

少林十二式

定價大洋五角

版權所有
翻印必究

著作者　北平許龗厚

發行者　北平西單牌樓 體育研究社
北平西斜街五號 北平市國術館

印刷者　北平和平門內北新華街 京城印書局
電話南局四五七零號

少林十二式

緒言

世之言拳術者，多宗少林，而少林之傳，始自達摩五祖①。蓋於五代之季，來居此寺，見僧徒等雖日從事於明心見性②之學（參禪靜坐以求明悟之類），然類皆精神萎靡，筋肉衰弱，每值說法入坐，即覺昏鈍不振，殆於身心合一，性命雙修之意，尚未徹悟也。

乃訓示徒眾曰：「佛法雖外乎軀殼，然未瞭解此性，終不能先令靈魂與軀殼相離，是欲見性，必先強身，蓋軀殼強而後靈魂易悟也（雖係宗教家言，然與今世體育家所主張身心合一，精神與肉體同一鍛鍊之說吻合）。果皆如眾生之志靡神昏，一入蒲團，睡魔即侵，則見性之功，俟諸何日？

吾今為諸生先立一強身術，每日晨光熹微，同起而習之，必當日進而有功也。」乃為徒眾立一練習法，其前後左右不過十八式而已，名十八羅漢手（見《少林拳術秘訣》③）。後人變化增添，以作技藝，曰少林派。又嘗觀達摩大師傳岳武穆之《內壯易筋經》，少林寺僧多傳習之。經分上、下兩卷，有內、外功之別。內功主靜，煉氣為主；外功主動，煉力為主。

內功程式，計分五步。㈠首積氣腹中，以為基礎。㈡次鍛鍊前身胸肋各部，附骨筋膜（膜為包骨，白色，筋層今名曰腱），使氣充盈胸腹兩脅。㈢鍛鍊腰背脊骨筋膜，使氣盈脊骨。㈣上體氣既用遍，深層筋膜騰起，乃導行四肢（先上肢後下肢。其鍛鍊各法，均載原經，茲不贅述）。㈤內壯已成，方行外壯以增勇力。

下卷十二式，蓋鍛鍊外壯者也，與少林拳術之十八羅漢手大半相同，疑出一源。且十二式為原本所無，始少林寺僧好事者增入之耳，故仍④名為少林十二式。今以其原有圖式為主，而參以羅漢手中運動之意，兼採拳術之各種樁步，本體操教練之法，每式編作法數節，由淺入深，由簡而繁，視各式可合作者，則為連續之，以便教練⑤。並為體察運動部分，主要骨骼筋肉，分注於下，以明運動生理。就原有歌訣，闡明其義，以喚起學者之注意，復本其姿勢動作，以求應用之所在，用作習拳術者之初步云。

【注釋】

①達摩五祖：即禪宗五祖，為達摩祖師、二祖慧可、三祖僧璨、四祖道信、五祖弘忍。

②明心見性：明本心、見不生不滅的本性，乃禪宗悟道之境界。明心，發現自己的眞心；見性，見到自己本來的眞性。

清末民初的武術家們認為透過武術的訓練，可以達到「見性成佛道」的境界。正如許禹生所說：「余嘗謂人身系精神與肉身二者合成，鍛鍊方法，自應本身、心合一，二者兼施之旨，方能有效，俾合於近代體育上之修養，使人人得完成其人格。」

③《少林拳術秘訣》：作者陳鐵笙，出版於民國四年（一九一五年），是民初影響較大的武術著作。《少林十二式》緒言中「始自達摩五祖，蓋於五代之季，來居此寺，見僧徒等雖日從事於明心見性之學（參禪靜坐以求明悟之類），……每日晨光熹微，同起而習之，必當日進而有功也」之語均出自《少林拳術秘訣》。

④仍：據文意，應為「乃」字。

⑤十二式為原本所無……以便教練：許禹生編寫的《少林十二式》是其參照少林拳術的一些動作改編而成的，被作為北京體育研究社所辦體育學校的武術教材，及練習各種武術共同的基本功，後呈送教育部被批准為中、小學體育教材。

民國初年（一九一二年），在教育界有識之士的推動下，武術開始進入學校。因為缺乏由淺入深、由簡而繁、易教易學、行之有效的武術教材，所以許禹生等開始進行教材的編寫，其嘗試吸取西方體育的某些教學元素，配以口令，將武術體操化；又以現代科學解釋運動對人體的作用；同時又竭力保留中國武術文化，「就原有歌訣，闡明其義，以喚起學者之注意，復本其姿勢動作，以求應用之所在」。

故《少林十二式》與《太極拳單式練習法》等，都是中國武術與西方體育相互融合的嘗試產物，也是這一時期武術教材的特點，即「按習他種科學的方法排列之，使教授者本之，易於教學，學者遵之，易求進步，庶可底於成功也」。這對以工業化方式快速普及推廣武術起了很好的作用，但也暴露出兩種體育文化融合的不易和缺陷，需要研究和克服。

凡習此功者，應先排步直立，呼濁吸清，掙腰鼓肘（此乃足肘，即膝也），凝神靜氣，端正姿勢，然後行之。

行時務使動作與呼吸相應，久之則氣力增長，精神活潑，實為學拳術者成始成終之工夫，幸勿以其簡易而忽之也。

教練此法宜先依體操口令，令學生立正，次察看地勢，令全隊分作若干排，如分前後兩排，則於呼一二報名數後，發前行向前幾步走之口令，次發單數或雙數向前幾步走之口令，總以行列疏整、手足動作互無妨礙為度。如教練直立勢，則立定後須呼腳尖靠攏之口令，然後動作。

此十二式，直立式居半，前數勢每勢只一動作，依體操規例可連續為之而成一段，以便教練。若單練一式時，則可先呼出式名，末字改呼數字，隨其動作而施口令。

第一式　屈臂平托式

原名韋駝獻杵第一式。取兩手當胸，平托一物，獻遞於人之意。亦名環拱式，又名上翼式，則因形態命名也。

【原文】

立身期正直，環拱手當胸，氣定神皆斂，心澄貌亦恭。

【解曰】

此為直立式之一。作此式時，須氣沉丹田，精神內斂，心澄志一，貌自恭敬，乃正身直立，作立正式，平屈兩臂，掌心向上，自脅下循脅徐徐上托，至胸前停頓，雙腕平直，屈肱內向，環拱胸前，故曰環拱手當胸也。本此義編作法四節如後。

【作法】

第一節　二動。㈠屈臂平托；㈡兩手下按。

㈠由預備式，兩臂平屈，兩肘上提，使與肩平；同時兩手作掌，掌心向上，由兩脅下（軟脅處）順脅上托，指尖相對，經胸骨前至兩乳上停頓，指尖相對，兩眼平視；同時足踵提起（圖1）。

㈡兩掌翻轉向下，至胸窩處，分順兩脅下按，至胯傍①停止，還原預備式（圖2）。

第二節　四動。㈠屈臂平托；㈡橫掌前推；㈢屈臂平托；㈣兩手下按。

㈠屈臂平托，與第一節㈠動同。

㈡兩手翻轉向前（掌橫指對手心向

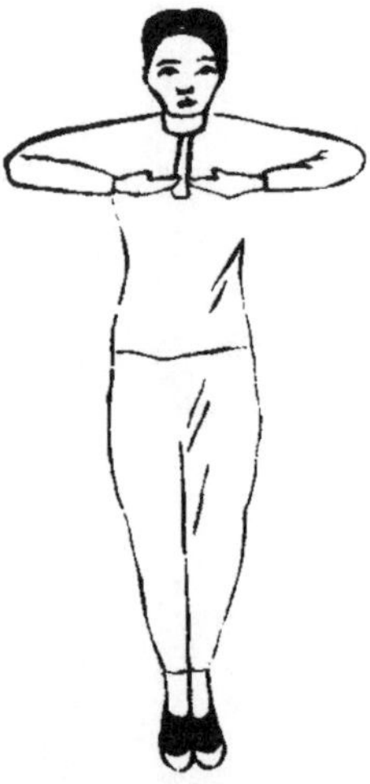

圖1　屈臂平托

圖2　兩手下按

前），伸臂平前推（腕骨與肩水平）。

㈢兩臂收回，復㈠之姿動勢。

㈣兩手下按，與第一節㈡動同。

第三節　四動。㈠兩臂平屈；㈡兩臂平分；㈢屈臂平托；㈣兩手下按。

㈠由預備式，兩肘上提與肩水平，同時平屈兩臂，掌心向下，指尖相對，經胸骨前，至兩乳上停頓。

㈡由上動作兩臂上膊骨不動，前膊骨順水平度分向左右平開，至成一直線為度。

㈢上膊骨不動，兩臂下屈，兩掌經胸骨前上托，至兩乳上停頓，如第一節㈠動姿勢同。

㈣兩手下按，與第一節㈡動同。

第四節　六動。㈠兩臂平屈；㈡兩臂平分；㈢屈臂平托；㈣橫掌前推；㈤屈臂平托；㈥兩手下按。

㈠兩臂平屈，與第三節㈠動同。

㈡兩臂平分，與第三節㈡動同。

㈢兩臂平托，與第三節㈢動同。

㈣橫掌前推，與第二節㈡動同。

㈤兩臂屈回，復㈢之姿勢。

㈥兩手下按，與第一節㈡動同。

〔**注釋**〕

①傍：應作「旁」字，下同。

【運動部分】

此式為上肢運動及肩臂運動也，主要部分為肩胛骨、尺骨、橈骨及所屬筋肉。屈前臂時，為肘關節之屈曲，主動筋肉為二頭膊橈骨筋、內膊筋。平托時手掌外旋，則橈尺骨關節之後迴運動也，主動筋肉為後迴筋、膊橈骨筋。翻掌前推時，則橈尺骨關節之前迴運動也，主動筋肉為迴前方筋、迴前圓筋。

【注意及矯正】

本式運動，屈臂平托時，宜鬆肩勿聳。橫掌前推時，兩臂宜伸直勿屈，肩、肘、腕三者水平，想其力由肩而肘、而腕，以意導之，使達於指尖為度，兩手手指相對，掌心向前吐力。兩臂平分時，臂宜伸直與肩水平，眼平視，頸項挺直，下顎骨內收，氣沉丹田（即小腹），精神專注，以心意作用、運動肢體。故動作時，務宜徐緩，勿僅視為機械的運動也。

【治療】

此式可以矯正脖項前探、脊柱不正及上氣（呼吸粗迫）、精神不振等症，並可擴張胸部、堅凝意志。

【應用】

本式橈尺骨運動，可練習太極拳之擠勁。腕之翻轉，可藉以練習擒拿法之捉腕、滾腕、盤肘等作用。例如，人以兩手分握吾之雙腕，吾即用本式第二節作法，順其下擒之力，猛翻兩掌，向敵胸前推即解矣。

【各節教練口令】

第一節　屈臂平托，數一、二。

第二節　屈臂平托前推，數一、二、三、四。

第三節　兩臂平屈分托，數一、二、三、四。

第四節　屈臂分托前推，數一、二、三、四、五、六。

第二式　兩手左右平托式

原名韋駝獻杵第二式。取兩臂自左右平舉，兩掌平托一物，獻遞於人之意。

【原文】

足趾掛地，兩手平開，心平氣靜，目瞪口呆。

【解曰】

作此式時，須先意氣和平，心無妄念，呼吸調靜，乃運動兩臂，徐徐自左右上托（掌心向上），以腕與肩平為度，足踵隨之提起，兩眼平視，閉口使呼吸之氣由鼻孔出入。今本此義，編作法五節如後。

【作法】

第一節　二動。㈠兩臂左右平托；㈡兩臂還原。

㈠由立正式，兩臂自左右向上平舉，俾與肩平，或較肩略同，掌心向上；同時兩踵隨之提起（圖3）。

㈡掌心下轉，兩臂徐徐下落，還原立正式（圖4）。

第二節　三動。㈠兩臂前舉平托；㈡

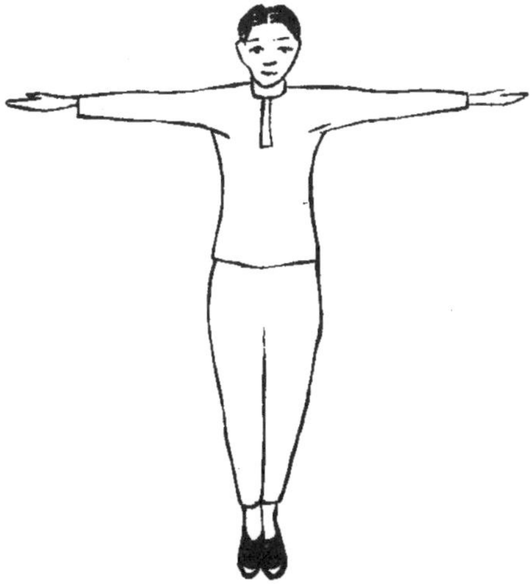

圖3　右平托式

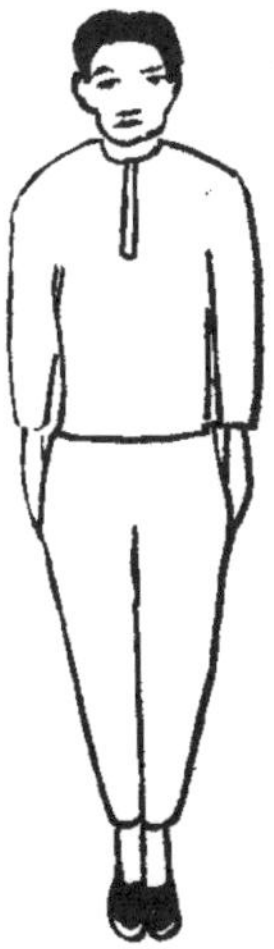

圖4　兩臂還原

兩臂左右平分；㈢兩臂下落。

㈠由立正式，兩足尖靠攏，兩臂垂直，由下用力向前平舉，與肩水平，掌心向上，若托物然；同時兩踵隨之提起。

㈡兩臂分向左右平開，至一直線，如本式第一節㈡動之姿勢。

㈢兩臂下落，還原立正式。

第三節　三動。㈠屈膝兩臂前舉平托；㈡直膝兩臂平開；㈢兩臂下落。

此節乃兼下肢運動之連續動作也，於伸臂前托時，同時兩膝前屈，餘均同前。

㈠兩臂自下向前平舉，掌心向上；同時兩膝前屈，膝蓋靠攏，足踵不可離地。

㈡兩臂分向左右平開；同時兩膝直立，足踵提起。

㈢兩臂徐徐下落，足踵亦隨之落地。

第四節　四動。㈠透步交叉；㈡兩臂平托；㈢兩臂還原；㈣併步立正。

㈠左足移至右足踵後方，作透步交叉式。

㈡兩臂自左右向上平托，兩踵提起。

㈢兩臂、兩踵還原。

㈣左足併步，還原立正。㈡㈡㈢㈣與㈠㈡㈢㈣式同，惟右足作透步式①。

第五節　四動。㈠透步前舉；㈡兩臂平分；㈢兩臂平落；㈣併步立正。

㈠左足移至右足踵後方作透步式，同時兩臂自下向前上平托。

㈡兩臂分向左右平開。

㈢兩臂下落，兩踵還原。

㈣左足併步，還原立正。㈡㈡㈢㈣與㈠㈡㈢㈣式同，惟右足作透步式。

【注釋】

①透步式：左足移至右足踵後方，或右足移至左足踵後方。

【運動部分】

此式為上肢與下肢運動也，運動主要部分為旋肩胛骨之前後軸及尺骨肘頭骨。其主要筋肉，左右平托起落時為三角筋、棘上筋、橈骨筋、小圓筋，平開時兼大胸筋之運動。前舉平托時為旋肩胛關節之運動，主要筋肉更有二頭胸筋及烏嘴轉筋。足踵提起時，即以足支持體重，放下時使足踵關節伸展也，其主要筋肉為後脛骨筋、比目魚筋、長足蹠筋、腓腸筋等。

【注意及矯正】

作此式時，兩臂平直，身勿欹，側脊骨中正，以頭頂領起全身，腿部尤須著力。足踵起落時，慎勿牽掣動搖，及猛以足踵頓地，震傷腦筋。各動作均宜徐徐提起，緩緩而落，以意導力，達於十指，隱覺熱氣下貫，方為得益。分托、平托時，注意掌心平開時，宜與肩平。鬆肩，臂下落時，宜徐徐下落，如隨地心吸引力自然下落，則氣達指尖矣。

【治療】

此式舒展胸膈，發育肺量，治胸臆脹滿不寧及呼吸促迫等症。

【應用】

平開式，練習太極拳之胸靠。前托式之用，如敵出雙手迎面擊來，我蹲身從下用雙手平托其兩肘前送，敵即迎面倒去。或敵以兩拳作雙風貫耳式，從兩側敵①頭部，我則進身以兩手由內分格敵腕部或臑部，從而擊之也。

【注釋】

①敵：據上下文意，應為「攻」字。

【教練口令】

第一節　兩臂左右平托，數一、二。
第二節　兩臂前舉分托，數一、二、三。
第三節　屈膝前舉分托，數一、二、三。
第四節　透步左右平托，數一、二、三、四，二、二、三、四。
第五節　透步前舉分托，數一、二、三、四，二、二、三、四。

第三式　雙手上托式

原名韋駝獻杵第三式。取兩手舉物過頂，敬獻於人之意。一名，手托天式。

【原文】

掌托天門目上觀，足尖著地立身端，力周腿脅渾如植，咬緊牙關不放寬，舌可生津將齶抵，鼻能調息覺安全，兩拳緩緩收回處，用力還將挾重看。

【解曰】

此亦為直立式。直身而立，足尖著地，兩臂由左右高舉，兩手反轉上托，掌心向上，若托物然，及托至頂上，兩臂伸舒，兩手指尖相對，目上視，閉口，舌抵上齶，氣從鼻孔出入，呼吸調勻。足踵提起，力由腿部而上，周於兩脅，復運腋力順兩臂貫注掌心，達於指端，始緩緩落下，還立正式。（「原文」收回時作拳，此仍作掌）本此義編作法四節如後。

【作法】

第一節　二動。㈠兩臂高舉；㈡兩臂下落。

㈠由立正式，兩臂由左右向上高舉至頭上，兩手上托，掌心向上，十指相對，目上視；同時兩踵提起（圖5）。

㈡兩臂下落，還原立正式，足踵亦隨之下落（圖6）。

第二節　四動。㈠屈臂平托；㈡兩臂平分；㈢兩臂高舉；㈣兩臂下落。

㈠屈臂平托，與第一式第一節㈠動同。

㈡兩臂平分，與第一式第三節㈡動

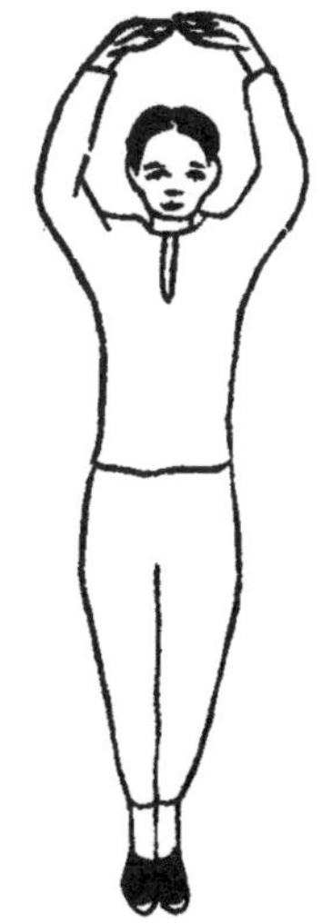

圖5　雙手上托式

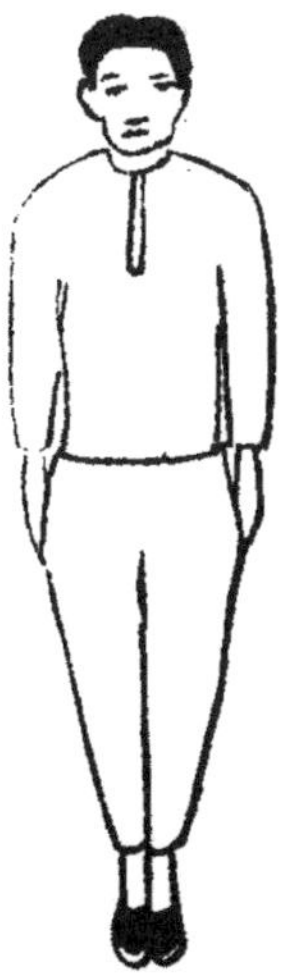

圖6　兩臂還原

同。

㈢兩臂高舉，與本式第一節㈠動同。

㈣兩臂落下，還原立正式。

第三節　四動。㈠前舉平托；㈡兩臂平分；㈢兩臂高舉；㈣兩臂下按。

㈠兩臂前舉平托，與第二式第二節㈠動同。

㈡兩臂平分，與第一式第二節㈢動同。

㈢兩臂高舉，與本式第一節㈠動同。

㈣兩臂下按，與第一式第一節㈢動同。

第四節　四動。㈠交叉屈臂；㈡兩臂平分；㈢兩臂高舉；㈣兩臂下按。

㈠由立正式，右足外撇，左足移至右足後方，足尖與右足尖相對，兩足踵與兩足尖均在一直線上，兩膝微屈，作交叉步，同時兩臂平屈。

㈡兩臂平分。

㈢兩臂高舉。

㈣兩臂下落，同時左足還原立正式。㈠㈡㈢㈣與㈠㈡㈢㈣式同，惟右足行之。

【運動部分】

此式為全身運動，其注意之點為肩腕及足脛。兩臂上托時，運動肩胛關節及肩胛帶，主動筋肉為前大鋸筋①、僧帽筋②、三角筋③、棘上筋④等。下落時，主動筋肉為棘上筋、十圓筋⑤、大胸筋等。

【注釋】

①前大鋸筋：現名前鋸肌，位於胸廓下的外側皮下，胸大肌側下方，上部為胸大肌和胸小肌所遮蓋，將肩胛骨內側向前拉的胸部肌肉，每組兩塊的前鋸肌從胸前部的肋骨開始，圍繞體側延伸到肩胛骨，起穩定肩胛骨作用。

②僧帽筋：現名斜方肌，覆蓋頸部到背脊的肌肉。斜方肌自頸部根處至肩膀前端的肌肉，起自上項線、枕外隆凸、項韌帶及全部胸椎棘突，止於鎖骨外三分之一、肩峰、肩胛岡的肌肉。

③三角筋：現名三角肌，俗稱「虎頭肌」，因為它突出上臂，體積較大，酷似虎頭，顯得很威猛。

④棘上筋：即棘上韌帶，是架在各椎骨棘突尖上的索狀纖維軟骨組織，由腰背筋膜、背闊肌、多裂肌的延伸（腱膜）部分組成。

⑤十圓筋：小圓肌，位於岡下肌下方，岡下窩內，肩關節的後面。大圓肌，是位於人體小圓肌下側的一個部位，其下緣為背闊肌上緣遮蓋，整個肌肉呈柱狀，起於肩胛骨下角背面，肌束向外上方集中，止於肱骨小結嵴。

【注意及矯正】

兩臂高舉時，兩臂伸直勿屈，掌心向上，用力上托，目上視，兩肩鬆勿上聳。提踵時，力由尾閭骨循脊骨上升，達於頂上。下按時，氣沉丹田。行之日久，則身體自強矣。

【治療】

調理三焦及消化系諸疾，如吞酸、吐酸、胃脘停滯、中氣不舒、腸胃不化等疾。

【應用】

增加舉物之力，可以練習太極拳中白鶴亮翅式、提手上式。

【教練口令】

第一節　雙手上托，數一、二。

第二節　屈臂平分上托，數一、二、三、四。

第三節　前舉平分上托下按，數一、二、三、四。

第四節　交叉屈臂平分上托，數一、二、三、四，二、二、三、四。

第四式　單臂上托式

原名摘星換斗式，一名朝天直舉，又名指天踏地，即八段錦中之單舉式也，一手朝上托，若摘星斗，兩手互換為之，故名。

【原文】

雙手托天掌覆頭，更從掌內注雙眸，鼻端吸氣頻調息，用力收回左右侔。

【解曰】

此亦為直立式，上肢之運動也。以雙手作掌，由側面向上高舉，掌心向上托，覆於頂上，目上視，鼻端吸氣，臂下落時氣向外呼。左右互換。今本此義，編作法五節如後。

第一節　四動。㈠左臂上托，右臂後屈；㈡兩臂還原；㈢右臂上托，左臂後屈；㈣兩臂還原。

㈠由立正式，左臂自左側向上高舉上托，掌心向上，指尖向右，頭仰視手背，上體隨之半面向左轉，同時右臂後迴，屈肱橫置腰間，掌心向外，以手背附於左腎，支住上體後仰之力（圖7）。

㈡兩臂放下，還原立正式。

㈢右臂自右側向上高舉，左臂後迴，上體半面向右轉，與第㈠動同（圖8）。

圖7　左臂上托

圖8　右臂上托

㈣兩臂放下，還原立正式。

第二節　二動。㈠左臂上托，右臂後屈；㈡右臂上托，左臂後屈。停動，兩臂放下。

㈠左臂自左側高舉上托，同時右臂後屈。

㈡右臂自右側高舉上托，同時左臂後屈。左右互換，連續為之。（還原）兩臂放下，還原立放式①。

第三節　左右各四動。㈠左臂平托，右臂後屈；㈡左臂平分；㈢左臂上托；㈣兩臂放下。

㈠左臂自下向上屈臂平托，至胸骨前為止，掌心向上，同時右臂後迴，屈肱橫置腰間。

㈡右臂不動，左臂自胸前向左平分，與肩平為止，目視左手。

㈢左式②上托，與本式第一節㈠動同。

㈣兩臂下落，還原立正式。㈡㈡㈢㈣與㈠㈡㈢㈣同，惟右臂行之。

第四節　左右各五動。㈠左臂平托，右臂後屈；㈡左臂平分；㈢左臂上托；㈣左臂下按，上體前屈；㈤上體還原。

㈠與本式第三節㈠動同。

㈡與第三節㈡動同。

㈢與第三節㈢動同。

㈣左臂下落，掌心向下，經面前，沿右肩，經胯傍，循腿下按，以掌心按地為止。同時，上體向左前方深屈。

㈤上體直立，左掌經過足趾前收回，兩臂垂直，還原立正式。㈠③㈡㈢㈣㈤與㈠㈡㈢㈣㈤同，惟右臂行之。

第五節　左右各四動。㈠透左步，左臂平托，右臂後屈。㈡左臂平分。㈢上體左後轉，左臂上托。㈣兩臂還原。

㈠左足移至右足踵後方，作透步式，同時左臂平托，右臂後屈。

㈡左足不動，左臂平分。

㈢上體左後轉，兩足靠攏，同時左臂隨上體後轉高舉上托。

㈣兩臂落下。

㈡右足移至左足踵後方，作透步式，同時右臂平托，左臂後屈。㈡右足不動，右臂平分。㈢上體右後轉，兩足靠攏，同時右臂隨上體後轉，高舉上托。

㈣兩臂落下。

【注釋】

①立放式：根據上下文意，應是「立正式」。

②左式：據上下文意，應是「左臂」。

③一：據上下文意，應是「二」。

【運動部分】

此式為上肢、頭部、腰部及下肢之運動也。臂上托時，為肩胛關節及肩胛帶之運動，主要筋肉為大鋸筋、僧帽筋、三角筋、棘上筋。臂後屈為肘關節之運動，主動筋肉為二頭膊筋、膊橈骨筋、內膊筋。頭後屈，目上視，為頭關節前後軸及橫軸之運動，主要筋肉為後大小直頭筋、上斜頭筋、頭夾板筋、頭長筋、頭半棘筋。上體側轉，為腰部筋肉運動，凡斷裂筋、旋背筋及其他腹筋，均受其影響。上體前屈，脊柱前屈也，腰椎部所屈最多，小腰筋、直腹筋、腸腰筋，均為其主要筋肉。透步交叉，均為運動下肢筋肉。由此觀之，此單臂運動，倘運動得宜，則十二節運動可以普及，較體操之雙臂齊出之動作，至為有效也。

【注意及矯正】

屈臂平托時，目宜視前方；臂平分時，目宜隨之旋轉；上托時則仰首注視掌背；臂下落則還原正視。上體左右旋轉，兩腿仍直立勿動，臂後屈手宜支住腰臀，其手背貼附之力，須與上托之臂相應。步交叉時，上體宜直立，勿前傾。

【治療】

調理脾胃及腰腎諸疾。

【應用】

練習拳術中領托諸勁，轉身透步各法，為靈活肩腰及下肢，使之有屈伸力。

【教練口令】

第一節　單臂上托，數一、二、三、四。

第二節　單臂互換上托，數一、二。

第三節　單臂平分上托，數一、二、三、四，二、二、三、四。

第四節　單臂平分上托下按，數一、二、三、四，二、二、三、四。

第五節　透步轉身上托，數一、二、三、四，二、二、三、四。

第五式　雙推手式

原名出爪亮翅式。兩手作掌前推，如鳥之出爪，由後運臂向左右分展，如鳥之亮翅也，乃合十八手中之排山運掌及黑虎伸腰二式為一式而施運動者也。形意中之虎形、八卦之雙撞掌、太極拳之如封似閉、岳式連拳之掌舵式，蓋均取法於此。岳武穆平生以善雙推手得名，言少林拳術者，每稱之為鼻祖，故取以名。此式云：五禽經之虎、鳥二形，亦與此相近。

【原文】

挺身兼怒目，推手向當前，用力收回處，功須七次全。

【解曰】

挺者，直也。挺身者，身體挺直之謂也。當前者，向胸前正面也。挺身而立，目前視，兩手作掌，向前雙推，然後用力握拳收回。原文未含亮翅動作意，今本其意，參以十八手中二、三兩式，分節編作法六節如後。

【作法】

第一節　二動。㈠立正抱肘；㈡兩手前推。

㈠由立正式，兩臂屈，兩手握拳，手心向上，分置兩脅下，作抱肘式，目平視。

㈡兩拳變掌，徐徐向前平推與肩齊，手心向前（圖9）。

㈠兩掌上翻，手心向上，握拳屈回，仍還抱肘式。㈡兩手仍向前推，如此反覆行之，停動。兩臂放下，還原立正式。

第二節　二動。㈠立正抱肘；㈡開步前推。

㈠與本式第一節㈠動同。

㈡兩掌向前平推，同時左足前進一步，屈膝作左弓箭步式（圖10）。

㈢兩拳上翻，手心向上，仍握掌，兩臂屈回，還原抱肘式。

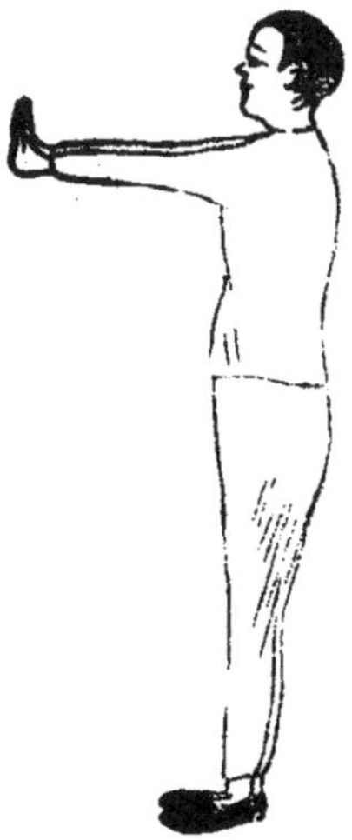

圖9　兩手前推式

圖10　兩手分推式

㈣與㈢動同，惟右足前進。停動，右足收回，兩臂放下，還原立正式。

第三節　四動。㈠立正抱肘；㈡開步蹲身前推；㈢還原抱肘；㈣兩臂放下。

㈠與本式第一節㈠動同。

㈡兩掌向前平推，同時左足側出一步，屈膝作騎馬式，上體仍直立勿動。

㈢兩臂屈回，兩膝伸直，右足靠攏，還原抱肘式。

㈣兩臂放下。㈡㈡㈢㈣與㈠㈡㈢㈣式同，惟右足側出。

第四節　四動。㈠開步抱肘；㈡轉身推掌；㈢還原抱肘；㈣併步立正。

㈠屈臂作抱肘式，同時右足側出一步。

㈡上體向左轉，屈左膝作左弓箭步，同時兩掌向前平推，作轉身推掌式。

㈢兩臂屈回，上體向右轉，還原開步抱肘式。

㈣左足①收回靠攏，兩臂放下，還原立正式。㈡㈡㈢㈣與㈠㈡㈢㈣式同，惟右足側出，兩掌前推耳。

第五節　四動。㈠立正抱肘；㈡開步前推；㈢探身分推；㈣還原立正。

㈠與本式第一節㈠動同。

㈡開步前推，與本式第二節㈡動同。

㈢上體微向前探，同時兩掌分向左右平推與肩平，手指向上，掌心吐力。

㈣兩臂放下，左腿亦收回還原立正式。㈡㈡㈢㈣與㈠㈡㈢㈣同，惟右足前進耳。

【注釋】

①左足：據上下文意，此應為「右足」。

【運動部分】

此式為上肢、下肢等運動。前推時，主要筋肉為二頭膊筋、鳥嘴膊筋。分推時，為三角筋、棘上筋、橈骨筋及大胸筋。足前進屈膝，主要筋肉為半膜樣筋、半腱樣筋、二頭股筋、薄骨筋、縫匠筋等。

【注意及矯正】

前推時，手腕宜與肩平，手指挺直勿屈。分推時，臂宜伸直，掌心吐力，上體前探，不宜過屈。膝前屈時，後足足踵不可離地。

【治療】

此式分推時，可舒展胸膈，發育肺量，治胸臆脹滿等症。

【應用】

可以練習八卦掌中之雙撞掌、太極拳之如封似閉、岳式連拳之掌舵式等。

【教練口令】

第一節　兩掌前推，數一、二。

第二節　進步前推，數一、二。

第三節　蹲身前推，數一、二、三、四，二、二、三、四。

第四節　開步左右推掌，數一、二、三、四，二、二、三、四。

第五節　進步分推，數一、二、三、四，二、二、三、四。

第六式　膝臂左右屈伸式

原名倒拽九牛尾式，取周身用力後拽狀，若執牛尾者然，一名迴身掌式。

【原文】

兩腿後伸前屈，小腹運氣空鬆。用力在於兩膀，觀拳須注雙瞳。

【解曰】

由立正式，兩足分開，右（左）腿屈膝，左（右）腿伸直，作蹬弓式樁步。同時右（左）臂亦向右（左）側方伸出，仰手攏五指作猴拳。肱略屈，左（右）臂背手，向左（右）後伸，仰手攏五指作猴拳，臂膀用力，氣沉丹田，兩眼注視前拳。本此義編作法三節如後。

【作法】

第一節　四動。㈠開步兩臂側舉；㈡兩臂前後屈伸；㈢還原側舉；㈣兩臂前後屈伸。

㈠由立正式，左足側出一步，兩膝屈作騎馬式樁步。同時兩臂左右側舉，俾與肩平，兩手作掌，掌心向下，目前視（圖11）。

㈡左足尖扭轉外移，左膝前弓；右足尖內扣，右腿伸直，作左弓箭步樁。同時上體向左轉，左臂屈肱，肘彎處應成鈍角，左掌五指攏撮作鈎形，屈腕向上，掌指均對鼻端，右臂微下垂，彎轉身後，右掌亦作鈎形，背手向上，目視左手（圖12）。

㈢兩膝仍屈，還原騎馬式。同時兩臂伸直，復㈠之姿勢。

㈣上體右轉，右膝前屈，左腿伸直，右臂屈肱，左臂在後伸直，兩掌作鈎形，目視右手。

（還原）兩臂放下，兩足併齊，還原立

圖11　兩臂側舉

正。

第二節　二動。㈠左轉膝臂屈伸；㈡右轉膝臂屈伸。

㈠由立正式，上體左轉，左足側出一步，屈膝前弓，右腿在後伸直，左臂側舉，屈肱向上，右臂後伸，兩手作鈎，與本式第一節㈡動同。

㈡右臂自右下方旋至上方，屈肱作鈎；同時身向右轉，兩足隨之右轉，成右弓箭步，左臂下轉作鈎，目視右手。

（還原）與第一節同。

第三節　三動。㈠左轉膝臂屈伸；㈡護肩掌；㈢開步推掌。

㈠與本式第二節㈠動同。

㈡左足收回半步，足尖點地，貼右足踵側，右膝亦屈，作左丁虛步樁；同

圖12　左轉膝臂屈伸

時左臂屈回，左鈎變掌，置於右肩前，作護肩掌式。

㈢左腿復前進半步，左膝還原左弓箭步樁；同時左掌向前推出與肩平，坐腕立掌，五指向上，右手仍在後作鈎形。

㈡與本式第二節㈡動同。㈡右足收回，作右丁虛步，右臂屈回，右鈎變掌，置於左肩前，作護肩掌式。㈢右腿前進，仍還原右弓箭步，右掌向前平推，作開步推掌式。（還原）同上。

【運動部分】

此式亦上肢及下肢運動也。兩臂側舉，其主要部分為旋肩胛關節。屈肘為肘頭關節。側舉時，主要筋肉為三角筋、棘上筋、橈骨筋、小圓筋。屈肘時為二頭膊橈骨筋、內膊筋。手腕屈伸，其主要筋肉為內橈骨筋、內尺骨筋、淺屈指筋等。

【注意及矯正】

兩臂側舉，宜與肩平，兩肩勿聳起，上體宜直立。足側出作騎馬步時，兩足尖均應向同一的方向；作弓箭步時，踏出之腿盡力屈膝，但不可過足尖，後腿盡力伸直，足踵不可離地。

【治療】

可以療治腿、臂屈伸不靈活諸病。

【應用】

可以練習拳術之騎馬式，弓箭步等樁步。

【教練口令】

第一節　膝臂屈伸，數一、二、三、四，二、二、三、四。

第二節　膝臂屈伸互換，數一、二、三、四，二、二、三、四。

第三節　膝臂屈伸護肩，數一、二、三、四，二、二、三、四。

第七式　屈臂抱顎式

一名九鬼拔馬刀式。蓋因馬刀甚長，非自背後拔刀，不能出鞘，此乃仿其形式而為動作者。又即導引術之鴟顧，頭向左右顧視如鴟也。

【原文】

側身彎肱，抱項及頸，自頭收回，弗嫌力猛，左右相輪，身直氣靜。

【解曰】

此亦為直立姿勢，側身而立，頭向左右顧視，左（右）臂自頭側方高舉，向對方屈肱，以左（右）手搬抱下顎骨，同時右（左）臂屈肱後迴，橫置腰間。下肢直立勿動，呼吸調勻，心定氣靜。左右互換為之。今本此意，編作法三節如後。

【作法】

第一節　四動。㈠兩臂平舉；㈡屈左臂抱顎，右臂後迴；㈢還原平舉；㈣屈右臂抱顎，左臂後迴。

㈠由立正式，兩臂自左右向上平舉，與肩水平，掌心向下（圖13）。

㈡頭向右顧，頸向左屈，左臂向對方屈肘於頭後，以左手手指搬抱下顎骨，同時右臂屈肘後迴，橫置腰間，掌心向外。下肢均直立勿動。

㈢兩臂還原側舉，頭亦直立。

㈣頭向左顧，頸向右屈，右臂高舉，向對方屈肘於頭後，以右手手指搬抱下顎骨，同時左臂屈肘後迴，橫置腰間，掌心向外（圖14）。如此左右互換為之。

（還原）兩臂放下，還原立正，頭恢復直立。

第二節　二動。㈠屈左臂抱顎；㈡屈右臂抱顎。

㈠由立正式，頭向右顧，頸向左屈，

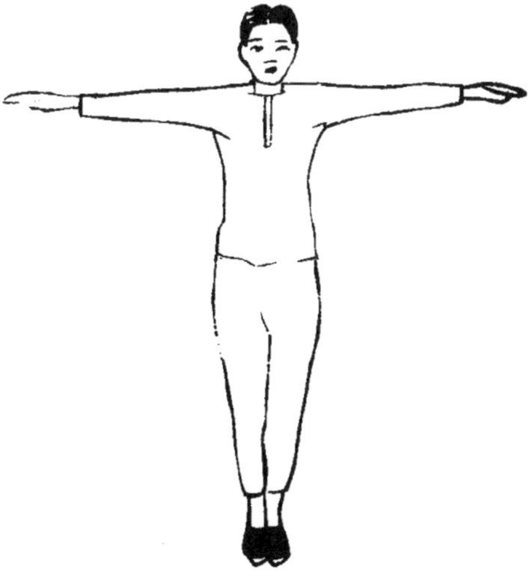

圖13　兩臂平舉

圖14　屈臂抱顎

左臂高舉，向對方屈肘，以左手搬抱下顎骨，同時右臂屈肘後回，與本式第一節㈡動同。

㈢頭向右顧，頸向左屈，右臂高舉，向對方屈肘，以右手搬抱下顎骨，同時左臂下落，屈肘後回，與本式第一節㈣動同。如此左右互換為之。

（還原）同第一節。

第三節　二動。㈠右臂側舉，上體向左屈；㈡左臂側舉，上體向右屈。

㈠由立正式，上體向左屈，右臂自側方向上高舉於頭上，微向左屈，右手小指、無名指與拇指攏合一處，其餘二指伸直，隨身向左下方指，同時左臂屈肘後回，橫置腰間，眼下視左足踵。

㈡上體向右屈，左臂自下高舉於頭側，微向右屈，右手小指、無名指與拇指攏合一處，其餘二指隨身向右下側指，同時右臂屈肘後迴，橫置腰間，眼下視右足踵。如此左右互換為之。

（還原）同上。

【運動部分】

此式為頭部、上肢及腰部運動。頭側屈，為頭關節前後軸及橫軸之運動，主要筋肉為大後直頭筋、小後直頭筋、上斜筋、夾板筋、頭長筋、頭半棘筋等。臂側舉時，其主要筋肉①為三角筋、棘上筋、橈骨筋、小圓筋。臂上舉屈肘時，為肩胛關節及肘關節之運動，主要筋肉為前大鋸筋、僧帽筋、二頭膊筋、膊橈骨筋、內膊骨筋等。上體向左右屈，為脊柱側屈，兩傍筋肉交互動作，主要筋肉為薦骨脊柱筋、橫棘筋、方形腰筋、外斜腹筋等。

〔注釋〕

①肉：此字據上下文意補。

【注意及矯正】

頭側屈時，勿前俯後仰，顎勿前突，肩勿上聳。側身時，以脊椎為樞紐，左右轉動為之，上身挺直。腰側屈時，下肢直立勿動。

【治療】

矯正脖項前探及脊柱不正等癖，並療治頭目不清（腦充血）、脖項痠酸、脊背疼痛諸病。

【應用】

練習貼身背靠及刀術之纏頭、拳術中之進身鑽打等。

【教練口令】

第一節　屈臂抱顎，數一、二、三、四。

第二節　屈臂抱顎互換，數一、二。

第三節　上體向左右屈，數一、二。

第八式　掌膝起落式

一名三盤落地式，取肩、肘、膝三部均圓滿如環之意。

【原文】

上顎堅撐舌，張眸意注牙，足開蹲似鋸，手按猛如拏，兩掌翻齊起，千觔重有加，瞪睛兼閉口，起立足無斜。

【解曰】

兩腿下蹲，足尖落地，作騎乘式之八字樁，兩臂垂張，如鳥之兩翼，手掌分按兩膝上（掌心約離膝三四寸）。復挺身起立，屈臂用力，翻轉兩掌上托（掌心向上），掌鋒貼置兩肋下（屈肘尖向後）。足尖勿動，閉口舌抵上齶，目向前平視。本此義編作法二節如後。

【作法】

第一節　二動。㈠開步屈肘；㈡屈膝下按。

㈠由立正式，左足向左踏出一步，兩足尖外撇，成八字形；同時兩臂屈於兩肋傍，兩手作掌，掌心向上（圖15）。

㈡兩踵提起，兩膝半屈，同時兩臂下伸伸直，手腕下轉，掌向心下①，十指伸直，作屈膝下按式，眼平視前方（圖16）。

㈠兩膝伸直，兩踵落地（習熟後不落），兩臂屈回，還原開步屈肘式。㈡再舉踵屈膝下按，如此反覆行之。

（還原）㈠兩膝伸直，兩踵落下，兩臂屈回，還原開步屈肘。㈡左足靠攏，兩臂放下，還原立正式。

按：上文重複編號意為「如此反覆行之」。

第二節　四動。㈠開步屈肘；㈡兩膝深屈，兩臂下伸；㈢兩臂上舉，體向後屈；㈣兩臂放下，還原立正。

圖15　開步屈肘

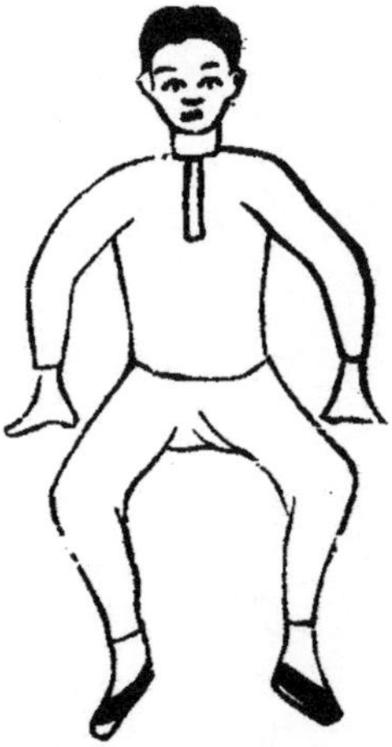

圖16　屈膝下按

㈠開步屈肘，與本式第一節㈠動同。

㈡兩踵舉起，兩膝深屈，同時舒展兩臂，由兩肋傍經小腹、腿襠前，坐身兩臂向下伸直，手腕下轉，掌心向內，上體仍直立勿動，眼平視。

㈢兩臂向上高舉，俟舉上時，上體微向後屈，同時兩手折腕向後。此時兩膝仍屈，兩臂仍舉勿落。

㈣兩臂由左右下落，上體還原直立，兩腿伸直，兩踵落地，左足靠攏，還原立正式。如此反覆行之。

〔注釋〕

①掌向心下：據文意應為「掌心向下」。

【運動部分】

此式為全身運動。屈肘時，為肘關節之運動，主動筋肉為小圓筋、棘下筋、三角筋等。兩手下按，主動筋肉為小肘筋、三頭膊筋。兩臂上舉，為肩胛關節及肩胛帶之運動，主動筋肉為二頭膊筋、棘上筋、三角筋、大胸筋。上體後屈，為脊柱後屈，主動筋肉為薦骨脊柱筋、橫棘筋等。屈膝時為膝關節運動，主動筋肉為半腱樣筋、半膜樣筋、二頭股筋、薄骨筋、縫匠筋。膝伸直時，為四頭股筋、廣筋膜張筋。足踵起落，為腓腸筋、比目魚筋、屈蹠筋、長腓骨筋、後屈骨筋、長屈趾筋、短腓骨筋。

【注意及矯正】

第一節作法，身之起落，以兩掌翻轉為牽動，以雙膝屈伸為樞紐。向上時，頭頂虛懸，領起全身；下蹲時，尾閭下降，使氣沉丹田，足踵則始終提起（趾尖著地），慎勿游移牽動。上體雙手隨身起而上翻，降而下按，掌心務極用力（全身重力寄於掌心），貫注與呼吸相應（即起時吸氣，降時呼氣）。上提時，全脊椎骨直豎；下降時，胸骨內含，首項勿向前突出。第二節作法，身體後仰時，兩腿宜仍蹲踞，庶免重點移出身外，致仰倒也。

【治療】

治兩足無力，胸膈不舒，氣不下降諸疾。

【應用】

久練此式，可使人身體輕健，下肢筋肉發達，以強健脛骨，且增膝、掌、腰、脊各部之力。練田徑賽之跳高、跳遠者，尤必習之。第一節練習拳術中上托下按力。第二節作法，後仰時可發展胸肋筋肉；下蹲時，並練習太極拳中海底針下蹲之力。

【教練口令】

第一節　掌膝起落，數一、二。

第二節　兩臂下伸上舉，數一、二、三、四。

第九式　左右推掌式

一名青龍探爪。

【原文】

青龍探爪，左從右出，修士效之，掌平氣實，力周肩背，圍收過膝，兩目注平，息調心謐。

【解曰】

此亦為直立式，係以右臂前伸，右手作掌，由右腋下圈轉向左伸出，掌心平向前推，運肩背力送之。右臂下落收回，須經過雙膝之前，再以左臂向右伸出，掌心平向前推，肩背力送之。然後左臂下落，須經過雙膝之前，兩目平視，呼吸調均，心自安寧。本此義編作法二節如後。

第一節　四動。㈠立正抱肘；㈡右掌左推；㈢還原抱肘；㈣左掌右推。

㈠由立正式，兩臂上屈，作抱肘式，與第五式第㈠動同。

㈡上體與頭略向左轉，右臂向左伸，右拳變掌，向左推出，手指向上，掌心向外，高與眉齊，左臂仍屈肘勿動，目視右掌，下肢勿動（圖17）。

圖17　右掌左推

㈢左臂屈回，還原抱肘，上體與頭，

亦復原狀。

㈣上體與頭略向右轉，左臂向右伸，左拳變掌，向右推出，手指向上，掌心向外，高與眉齊，右臂仍屈肘勿動，目視左拳，下肢勿動。如此反覆行之。

（還原）自本節數至㈣時，㈠左臂屈回，還原抱肘。㈡兩臂放下，還原立正。

第二節　二動。㈠開步穿手；㈡進步放掌。

此式所行之步，為三角形，設底邊一角為甲，一角為乙，兩頂角為丙（圖18）。練習此式時，㈠由立正式，左足側出一步（兩足距離與肩同），所站之地設為甲角，則右足之所站地為乙角；同時左臂自下向上平舉，左手為掌，掌心向右；同時右臂亦舉起，屈肘舉至左臂傍，右手掌心向內，與左肘接近，手指向上。

㈡右腿向前移進一步，所站之地為頂角丙，兩膝屈作丁虛步樁；同時右臂順左臂向前穿出伸直，手腕外轉向前

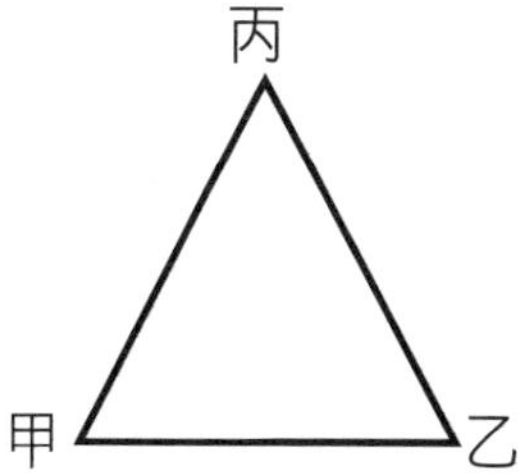

圖18

推，掌心吐力，但左臂不動，僅可順右肘之勢下沉，萬不可抽回。兩臂垂肩墜肘，立掌、坐腕、開虎口，兩手食指約對鼻準，兩掌心相印，若抱物然。

㈢右足後退一步，仍退至原所站之地（乙角），兩腿伸直；同時右臂不動，左臂屈肘，移於右臂傍，左手掌心向內，與左肘接近，手指向上。

㈣左腿前進一步，所站之地為頂角丙，兩膝屈作丁虛步樁；同時左臂順右臂向前穿出一①直，手腕外轉向前推，掌心吐力，但右臂不動，僅可順左肘之勢下沉，萬不可抽回。兩臂墜肩垂肘，立掌、坐腕、開虎口，兩手食指約對鼻準，兩掌心相印，若抱物然。

（還原）練至此式㈣時，兩臂放下，左足靠攏，還原立正。

〔注釋〕

①一：據文意，此應為「伸」字。

【運動部分】

此式為頭、腰、上肢、下肢等運動。頭向左右轉時，為頭關節之運動，主動筋肉為後大直頭筋、頭半棘筋、頭長筋、頭夾板筋、下斜頭筋、胸鎖乳頭筋等。上體左右轉時，脊柱迴旋也，為腰部筋肉之運動，主動筋肉為斷裂筋、旋背筋，其他腹左筋亦交互動物。其上肢、下肢運動筋肉，均與前同。

【注意及矯正】

頭與上體左右轉時，及左右手推出，仍宜挺直勿動。兩臂推出，宜與肩平，掌心吐力。作第二節換掌，宜鬆肩垂肘。

【治療】

可以矯正上肢、下肢不靈活諸弊。

【應用】

可以練習太極拳中如封似閉、八卦拳中單換掌、岳氏連拳中之雙推手等。

【教練口令】

第一節　左右推掌，數一、二、三、四。

第二節　換掌，數一、二、三、四。

第十式　撲地伸腰式

一名餓虎撲食式。

【原文】

兩足分蹲身似傾，伸屈左右腿相更，昂頭胸作探前勢，偃背腰還似砥平，鼻息調元均出入，指尖著地賴支撐，降龍伏虎神仙事，學得真形也衛生。

【解曰】

本式係由立正式，右足前進一步，屈膝作右弓箭步樁；同時上體向前屈，以兩手五指著地，兩臂伸直，頭向上抬起，眼平視；然後右足向後撤，與左足相併，兩膝伸直，足尖著地，閉口舌抵上齶，呼吸由鼻孔出入。本此義編作法四節如後。

【作法】

第一節　五動。㈠立正抱肘；㈡進步前推；㈢兩手伏地；㈣立身提手；㈤

還原立正。

㈠立正抱肘，與第五式第一節㈠動同。

㈡進步前推，與第五式第二節㈡動同。

㈢上體向前屈，兩臂亦隨之下伸，以兩手掌伏地為止，兩臂伸直，頭抬起，眼平視（圖19）。

㈣右腿屈膝，左腿繃直，變成丁字步樁；同時上體徐徐直立，兩臂亦隨上體直立，垂於小腹前，手腕外轉，手心向前，同時握拳如提物然。

圖19　臥虎撲食式一

㈤右腿伸直，左腿收回靠攏，兩手亦垂直腿傍，還原立正式。

第二節　五動。㈠進步前舉；㈡兩手伏地；㈢右腿高舉；㈣還原前舉；㈤還原立正。

㈠由立正式，左腿前進一步，屈膝作左弓箭步；同時兩臂向前平舉，與肩平，兩手手掌，掌心相對，指尖向前，眼平視。

㈡上體向前屈，兩臂亦隨之下落，以兩手手指著地，頭略抬起。

㈢右腿向上高舉（量力而行），足面繃直，餘式仍舊。

㈣右腿落地，上體徐徐直立，兩臂亦隨之舉起，還原進步前舉式。

㈤兩臂放下，左腿收回，還原立正。

第三節　六動。㈠進步伏地；㈡左腿後撤；㈢身向前伸；㈣身向後撤；㈤左腿屈回；㈥還原立正。

㈠由立正式，左腿前進一步，屈膝作左弓箭步。同時兩臂下伸，兩手掌心伏地，與本式第二節㈡動同。

㈡左足後撤，與右足併齊，兩腿伸直，兩臂用力挺直，眼平視（圖20）。

㈢上體徐徐向後撤，兩臂屈，上體再向前伸，兩臂亦隨之伸直。

㈣兩臂屈，上體徐徐向後撤，臂又隨之伸直。

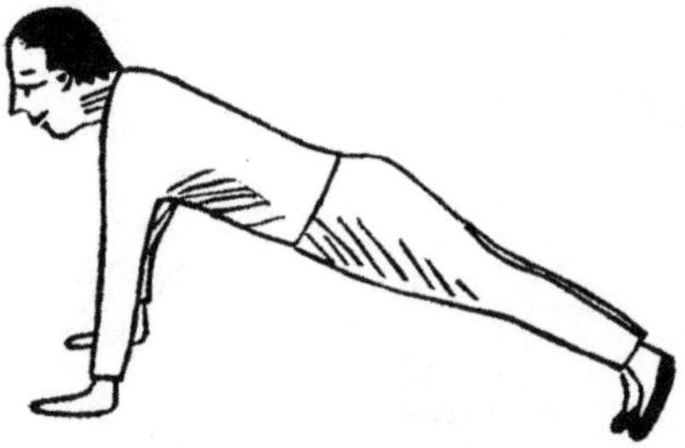
圖20　臥虎撲食式二

㈤左腿屈回，仍作左弓箭步，與本節㈠動同。

㈥上體直立，左腿收回，與右腿併齊，還原立正式。

第四節　六動。㈠進步伏地；㈡左腿後撤；㈢兩臂下屈；㈣兩臂挺直；㈤左腿屈回；㈥還原立正。

㈠進步伏地，與本式第三節㈠動同。

㈡左腿後撤，與本式第三節㈡動同。

㈢兩臂徐徐向下屈。

㈣兩臂再徐徐伸直。

㈤左腿屈回（見上節）。

㈥還原立正（見上節）。

【運動部分】

此式為全身運動。屈臂為肘關節之屈曲，主動筋肉為二頭膊筋、內膊筋。上體前屈，脊柱前屈也，主動筋肉大腰筋、小腰筋、直腹筋及①他筋肉。屈膝為膝關節之運動，主動筋肉為腸腰筋、直股筋、縫匠筋。腿向上舉，為髀臼關節之前後軸運動，主動筋肉為中臀筋、小臂②筋、張股鞘筋等。

〔注釋〕

①及：此處疑漏一「其」字。

②臂：據文意此應為「臀」字。

【注意及矯正】

兩臂前舉或前推時，宜伸直與肩平。作弓箭步時，踏出之腿盡力前屈膝，但不可過足尖，後腿盡力伸直，足踵不可離地。腿向上高舉，宜量力而行，足面宜繃直。

【治療】

可以療治腿、臂屈伸不靈活諸病。

【應用】

可以增長腿、臂屈伸之力量。

【教練口令】

第一節　撲地提手，數一、二、三、四、五。

第二節　撲地舉腿，數一、二、三、四、五。

第三節　撲地伸腰，數一、二、三、四、五、六。

第四節　撲地屈臂，數一、二、三、四、五、六。

第十一式　抱首鞠躬式

一名打躬式。

【原文】

兩手齊持腦，垂腰至膝間，頭惟探胯下，口更齧牙關，掩耳聽教塞，調元氣自閑，舌尖還抵齶，力在肘雙彎。

【解曰】

本式由直立式，兩臂迴屈，手抱頸後，兩掌掩耳（為教練便利起見，可用十指交叉，頸後抱頭），肘用力後張，上體徐徐前下屈至膝前，然後徐徐起立，閉口舌抵上齶，氣沉丹田，使呼吸有節，氣自鼻孔出入。本此義編作法一節如後。

【作法】

第一節　四動。㈠兩手附頸；㈡上體前屈；㈢上體還原；㈣兩手放下。

㈠由立正式，兩臂上屈於肩上，兩手十指相組，附於頸後，眼平視。

㈡上體徐徐前深屈，至胸部接近腿部為止，頭略抬，兩腿仍挺直勿屈（圖21）。

㈢上體徐徐直立，還原㈠之動作。

㈣兩手放下，還原立正式。

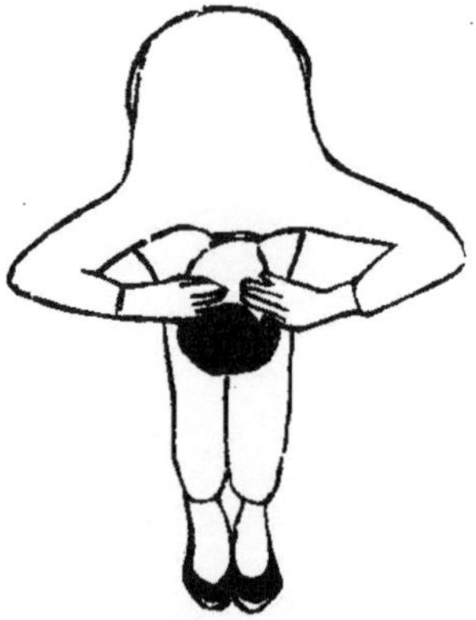

圖21　打躬式

【運動部分】

此式為腰部及肩肘關節運動。兩手附頸，為上臂側面平舉，前臂屈曲前迴及手腕關節內轉也，主動筋肉為三角筋、棘上筋、小圓筋、棘下筋、迴前方筋、迴前圓筋、外尺骨筋、內尺骨筋。上體前屈，即脊柱前屈也，腰椎部所屈最多，主動筋肉為小腰筋、腹直筋、腸腰等。

【注意及矯正】

練習此式時，所最宜注意者，即上體前屈時，頭宜略為抬起，否則難免腦充血之病，膝蓋亦挺直勿屈。手伏頸時，兩肘宜極力向後張，為擴張胸部起見，否則胸部受壓迫，於生理大受阻礙。

【治療】

可治腰腎諸疾。

【應用】

能使腰部靈活，臂部、腿部筋肉伸長。

【練習口令】

第一節　打躬，數一、二、三、四。

第十二式　伸臂下推式

一名掉尾式，又名搬僧式。

【原文】

膝直膀伸，推於至地，瞪目昂頭，凝神一志，起而頓足，二十一次，左右伸肱，以七為至，更作坐功，盤膝垂視，目注於心，息調於鼻，定靜乃起，厥功惟備。

【解曰】

本式由直立式，兩臂左右高舉，手指相組，掌心上翻，上體徐徐向前、左、右深屈，伸臂下推，以兩手掌著地為止，頭略抬起，然後徐徐起立。如此反覆行之，呼吸調勻，心定氣靜。此式為十二式之終。各式連續練畢，為時已久，腿部已勞倦，故安頓以休息之。伸肱者，伸臂也，左右伸舒，以平均其力也。靜坐方法，與怡養精神頗有關係，運動後能靜片時，以定心志，兼事呼吸，以調和周身血脈，久之則智慧生、身體健，有不期然而然者矣。

【作法】

第一節　四動。㈠兩臂高舉；㈡上體前屈；㈢上體直立；㈣兩臂放下。

㈠由立正式，兩臂由左右向上高舉，兩手十指相組，兩掌心翻向上。

㈡兩膝弗屈，上體徐徐向下深屈，兩臂亦隨之下落，以兩掌心著地為止，頭略抬起（圖22）。

圖22　掉尾式

㈢上體徐徐直起，兩臂亦隨之舉起，還原㈠之姿勢。㈣兩臂放下，還原立正式。

第二節　六動。㈠兩臂上舉；㈡上體左屈；㈢上體直立；㈣上體右屈；㈤上體直立；㈥兩臂放下。

㈠兩臂高舉，十指相組，掌心上翻。

㈡兩膝勿屈，上體向左轉，徐徐向下深屈，兩臂亦隨之下落，至掌心著地為止，頭略抬起。

㈢上體徐徐直立，兩臂隨之舉起，還原㈠之姿勢。

㈣兩膝勿屈，上體向右轉，徐徐向下深屈，兩臂亦隨之下落，至掌心著地止。

㈤上體徐徐直立，兩臂隨之舉起，還原㈠之姿勢。

㈥兩臂放下，還原立正式。

【運動部分】

此式為腰部運動。兩臂高舉時，為肩胛關節及肩胛之運動也，主動筋肉為前大鋸筋、僧帽筋、三角筋、棘上筋等。上體前屈，即脊柱前屈也，腰椎部所屈最多，主動筋肉為小腰筋、直腹筋、腸腰筋。上體向左右屈時，為脊柱側屈，兩傍筋肉交互動作，主動筋肉為薦骨脊柱筋、橫棘筋、方形腰筋、外斜筋等。

【注意及矯正】

兩臂由左右舉起時，臂宜挺直用力，至頭上時，即將兩手十指相組，各以指間抵住手背，兩大臂在兩耳之傍，兩掌上翻，掌心宜吐力。上體前左右屈時，兩腿宜挺直勿屈，頭宜抬起，以免腦充血，兩臂下落，以著地為宜，但初學時不易，日久即成。

【治療】

可治腰部諸病。

【應用】

能使腰部靈活，臂部、腿部筋肉伸長。

【教練口令】

第一節　伸臂下推，數一、二、三、四。

第二節　左右伸臂下推，數一、二、三、四、五、六。

按：由於科技進步以及翻譯等因素，文中列舉的人體肌肉和筋膜等名稱，在一百多年中有較多變化，難以一一對應注釋，謹此說明。

彩色圖解太極武術

歡迎至本公司購買書籍

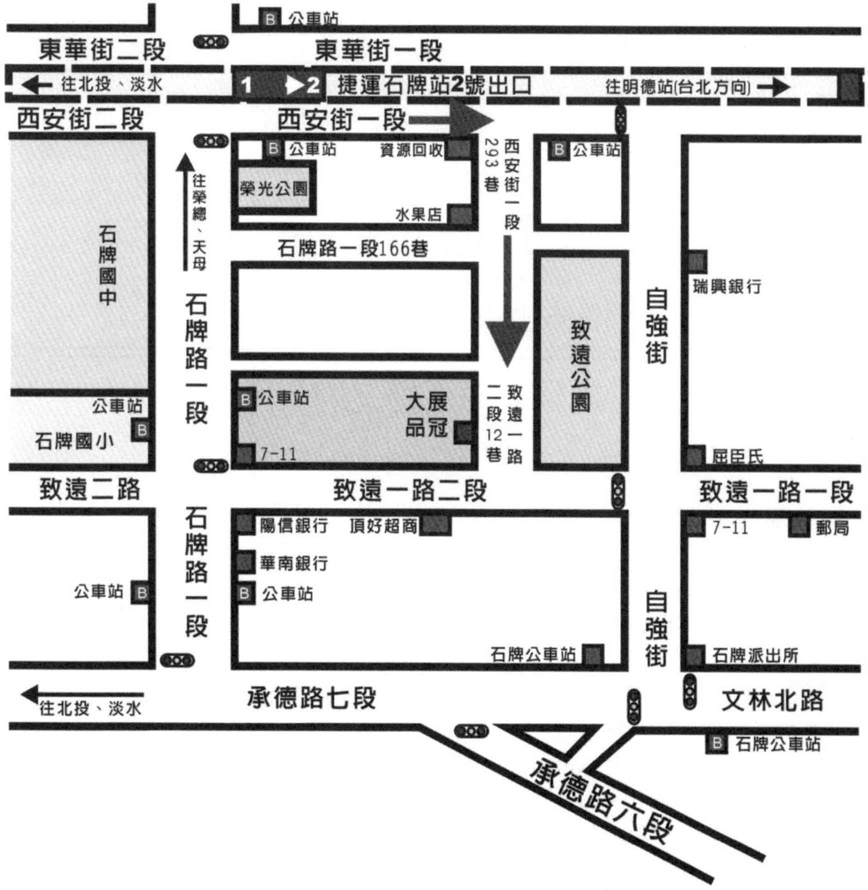

建議路線

1.搭乘捷運・公車

淡水線石牌站下車，由石牌捷運站２號出口出站(出站後靠右邊)，沿著捷運高架往台北方向走(往明德站方向)，其街名為西安街，約走100公尺(勿超過紅綠燈)，由西安街一段293巷進來(巷口有一公車站牌，站名為自強街口)，本公司位於致遠公園對面。搭公車者請於石牌站(石牌派出所)下車，走進自強街，遇致遠路口左轉，右手邊第一條巷子即為本社位置。

2.自行開車或騎車

由承德路接石牌路，看到陽信銀行右轉，此條即為致遠一路二段，在遇到自強街(紅綠燈)前的巷子(致遠公園)左轉，即可看到本公司招牌。

國家圖書館出版品預行編目資料

許禹生陳式太極拳第五路 少林十二式／許禹生 著
——初版，——臺北市，大展，2019〔民108.11〕
面；21公分 ——（武學名家典籍校注；18）
ISBN 978-986-346-272-9（平裝）
1.太極拳 2.少林拳
528.972 108015155

【版權所有・翻印必究】

許禹生 陳式太極拳第五路 少林十二式

著　　者／許 禹 生
校 注 者／唐 才 良
責任編輯／胡 志 華
發 行 人／蔡 森 明
出 版 者／大展出版社有限公司
社　　址／台北市北投區（石牌）致遠一路2段12巷1號
電　　話／（02）28236031・28236033・28233123
傳　　眞／（02）28272069
郵政劃撥／01669551
網　　址／www.dah-jaan.com.tw
E-mail／service@dah-jaan.com.tw
登 記 證／局版臺業字第2171號
承 印 者／傳興印刷有限公司
裝　　訂／眾友企業公司
排 版 者／弘益電腦排版有限公司
授 權 者／北京科學技術出版社
初版1刷／2019年（民108）11月

定 價／300元

●本書若有破損、缺頁請寄回本社更換●

大展好書　好書大展
品嘗好書　冠群可期

大展好書　好書大展
品嘗好書　冠群可期